金融经济与审计管理研究

耿　飙◎著

中国商业出版社

图书在版编目（CIP）数据

金融经济与审计管理研究 / 耿飙著. -- 北京 : 中国商业出版社, 2025. 5. -- ISBN 978-7-5208-3423-0

Ⅰ. F830; F239.41

中国国家版本馆CIP数据核字第2025C4L445号

责任编辑：吴 倩

中国商业出版社出版发行
（www.zgsycb.com 100053 北京广安门内报国寺 1号）
总编室：010-63180647 编辑室：010-83128926
发行部：010-83120835/8286
新华书店经销
北京七彩京通数码快印有限公司印刷
*
710毫米 ×1000毫米 16开 13印张 252千字
2025年5月第1版 2025年5月第1次印刷
定价：50.00 元
* * * *
（如有印装质量问题可更换）

前　言

金融经济与审计管理是两个紧密相连且至关重要的领域。金融经济作为现代经济体系的核心，涉及资金的筹集、分配、流通和使用，其健康运行对于国家经济的稳定增长和社会资源的有效配置具有决定性意义。审计管理则是确保金融经济活动合规性、真实性和效益性的重要手段。通过对金融机构和企业的财务报表、业务流程及内部控制进行全面、客观、公正的审查和评价，审计管理能够揭示潜在的风险和问题，提出改进建议，促进金融经济的规范发展。因此，加强金融经济与审计管理的协同作用，不仅能够提升金融行业的整体竞争力，还能有效防范金融风险，保障国家经济安全，推动经济社会持续健康发展。在实践中，应不断优化审计管理机制，提高金融经济活动的透明度和规范性。

本书从金融经济基本理论入手，讨论了金融创新发展的机制与环境、金融经济的风险及控制方法，介绍了金融审计的概念与分类、金融审计程序与方法、金融审计证据与工作底稿，深入探讨了金融会计审计、资产和负债业务审计、资产负债管理审计以及其他业务审计，分析了审计的风险管理和质量控制方法，对金融经济与金融审计有一定的借鉴意义。本书内容全面、新颖，紧密联系实际，具有很强的系统性、科学性与先进性，对相关研究有着一定的借鉴意义。

在本书撰写的过程中，我们得到了很多宝贵的建议，谨在此表示感谢。同时，本书参阅了大量的相关著作和文献，在参考文献中未能一一列出，在此向相关著作和文献的作者表示诚挚的感谢和敬意，同时也请对撰写工作中的不周之处予以谅解。由于作者水平有限，编写时间仓促，书中难免会有疏漏之处，恳请专家、同行不吝批评指正。

目　录

第一章　金融经济理论基础

第一节　金融的概念与创新

一、金融的概念

（一）金融

从金融的发展历史来看，金融范畴是由货币范畴和信用范畴的相互渗透而形成的新范畴。因此，金融是货币流通的调节和信用活动的总称。如货币的发行、流通和回笼，存款的吸收和提取，贷款的发放和回收，金银、外汇的买卖，有价证券的发行与转让，保险、信托、国内与国际的货币结算等。但由于金融现象复杂多样而且始终处于发展变化之中，特别是在某些时期会出现超常的、跳跃式的发展，因此对于什么是金融，理论界并没有达成一致意见，而是从不同的视角对金融进行定义。其中比较有代表性的概念界定包括以下几种。

一般货币银行学教科书将金融定义为“货币资金的融通”，即认为金融所涵盖的是融通活动、融通的机构和融通的市场等。

在当今社会，金融活动已经渗透我们社会生活的方方面面。任何一个社会成员，小到个人、家庭、企业，大到国家、政府与整个国际社会，都离不开金融活动，都会与金融打交道。那么，何谓金融呢？金融从字面上理解，“金”表示资金，“融”表示融通，金融即资金的融通，是与货币、信用、银行直接有关的经济活动的总称。

金融从狭义上理解，仅指货币融通，也仅指资本市场和资本市场的微观运行机制。广义的金融指与物价有紧密联系的货币流通，银行与非银行金融机构体系，包括货币市场、资本市场、保险系统以及国际金融等领域。它是由诸多部分构成的大系统，既包括微观运行机制，也包括宏观运行机制。金融不只是货币资金的融通，也不只是货币银行的活动。随着市场经济的不断发展，金融的内涵不断深化。在现代社会，金融是一个多维性、多层次的立体系统。金融是指资金的筹集、分配、融通、运用以及管理。凡是有关资金的筹集、分配、融通、运用以及管理的各种活动，都是金融活动。

金融活动的参与主体包括四大类：资金供给（盈余）部门、资金需求（赤字）部门、提供金融活动的金融机构和金融监管部门。在资金供给者和需求者之间，起桥梁和中介作用的是金融机构。根据融资方式的不同，即根据直接融资（如股票、债券融资）与间接融资（如银行信贷）方式的不同，金融机构分为两类：一类是在直接融资领域中，为筹资者和投资者提供某种服务的机构，如证券公司；另一类是在间接融资领域中，介于债权人与债务人之间发挥“支付中介”和“融资媒介”作用的机构，如各种类型的银行，以及非银行金融机构。

（二）金融的功能

金融的功能通过金融体系表现出来。金融体系是指在经济体中资金流动的基本框架。金融体系最基本的功能是提供资金的融通渠道。但随着金融体系的发展，其功能也在逐步地扩展和完善。金融体系具有六大基本功能：①清算和支付功能，即金融体系提供了便利的商品、劳务和资产交易的清算支付手段。②融通资金和股权细化功能，即金融体系通过提供各种机制，汇聚资金并导向大规模的无法分割的投资项目。③为在时空上实现经济资源转移提供渠道，即金融体系提供了促使经济资源跨时间、地域和产业转移的方法和机制。④风险管理功能，即金融体系提供了应对意外和控制风险的手段及途径。⑤信息提供功能，即金融体系通过提供价格信号等方式，帮助协调不同经济部门的非集中化决策。⑥解决激励问题，即金融体系解决了因金融交易双方拥有不对称信息而在委托代理行为中出现的激励问题。

美国著名经济学家莱文从交易成本的角度对金融体系的作用做了新的诠释。他认为，金融体系的作用在于消除由于交易成本和信息成本的存在而产生的市场摩擦，起到融通储蓄、优化资本配置等作用，金融发展降低了信息和交易费用，进而影响了储蓄水平、投资决策、技术创新以及长期增长速度。

（三）金融的地位

金融是经济的润滑剂，是加速资金运动、提高资金使用效率、加快经济发展必不可少的重要经济要素。现代金融业在资源配置中起着核心作用，其在整个经济发展中的地位越来越重要。

1. 现代金融业已经成为其他产业发展的前导型产业

现代金融业作为第三产业，在经济发展中起着“血液”的作用，为其他产业的发展提供资金和资本支持，“供血”的好坏直接影响着整个经济的健康运行。通过金融在资源配置中的作用，可促进社会资本的优化和产业结构的调整，使经济保持稳定、协调和持续发展。

2. 现代金融业在经济发展中起着资源优化配置的核心作用

现代金融业是一个资金和资本流通的行业，资金和资本通过金融行业汇集，然后再分配到各个行业和经济部门。各个行业和经济部门的资金和资本使用效率的高低会影响其流动的方向。资金和资本会自发流向低投入、高产出、高效率的产业和经济部门，促使产业结构发生变化，淘汰落后的高投入、低产出、低效率的产业和经济部门。

3. 现代金融业既是一个服务型行业，又是一个知识密集型行业

在金融体系的运行过程中，金融业为经济活动提供各种金融工具和金融服务，来满足经济运行的需求，保障实体经济的正常运行和高效运转。计算机技术、网络技术和通信技术的高速发展，促进了金融业的技术创新、制度创新和产品创新，使现代金融业与传统金融业相比发生了巨大的变革，特别是各种高新技术的应用和各种金融衍生产品的推出，对知识和技术的要求越来越高。金融创新是金融业发展的必由之路，金融创新必须有知识和技术作为支撑，这促使金融业成了知识和技术密集型的行业。

4. 现代金融业是一个高风险行业

各行业的发展都离不开金融业，金融业为各行业的发展提供资本和资金的支持。现代金融业与经济运行的联系越来越紧密，各行业发展过程中的风险会传导到金融业，经济运行过程中的各种风险会累积并最终影响金融业的正常运行。过度的金融创新和金融监管的缺失，也会造成金融风险。

二、金融深化与创新理论

（一）金融深化理论

1. 金融深化的含义

金融深化是一个经济学术语，用来描述一个国家或地区金融市场的发展程度，包括金融服务的多样性、金融机构的复杂性和全面性以及金融市场的效率和包容性。这一概念强调的是金融体系在经济中的作用和重要性，特别是在促进资源的有效分配、支持经济增长和增强经济稳定性方面的能力。

2. 金融深化的目标

金融深化有利于国内私人储蓄相对收入比例的提高。储蓄中增加的部分有可能是虚增，其中一部分可能是被计入国民收入账户，还有一部分可能是从各种难以度量的资本中转移出来的。但是，某些储蓄的增加肯定是因为实际利率较高或者是储蓄者获得机会分散国内资产结构。另外，金融储蓄的增长也增加了投资者借款的途径，刺激他们进行储蓄和积累资产，会使借款利率更低。最后，金融深化也能够拓宽储蓄者的视野，减少现时消费的吸引力。

金融深化将使政府部门的储蓄趋于增长。在非集中的经济中，当金融浅短时，政府的储蓄一般很少。政府依赖通货膨胀税获得财力，而政府企业的利润和税收对通货膨胀的无弹性，一般会减少政府储蓄。金融深化也会影响国外的储蓄。在一些被扭曲的相对价格、利率、汇率等一一被纠正后，进入国外资本市场就比较容易，国内资金的外逃将被扭转。在某些情况下，国外资金的流入甚至会达到这样的程度，即在稳定的国内物价水平下，这些外资很难被完全吸纳。

在一定程度上，金融深化会使得动员和分配储蓄的融资活动有可能取代财政手段、通货膨胀和国外的援助。在落后的经济中，财政手段也是落后的。以财政手段获得收入的能力，通常受到政府消费需求的限制，在通常情况下，也受到最低限度的社会保障支出的限制。财政为各种投资提供资金的附加要求，势必影响经济效益和社会平等，这会抵消资本积累给一些人带来的利益。在落后经济中，国外援助在很大程度上代替着国内的储蓄。这个援助额在某种程度上反映了落后经济对储蓄的较大需求，但它们却推行着抑制国内自身储蓄的相对价格。专门的计划模型可以划定人均收入的范围，但它们却使发展中经济产生储蓄和外汇的短缺。不过，在纠正了扭曲的相对价格后，这些模型就不怎么合适了。

投资者通过金融市场争夺储蓄流量，使投资机会变得扩大化和多样化。金融深化打开了优化储蓄分配的途径。在金融被抑制的经济中，内源融资盛行，也就是储蓄主要流向储蓄者本人选择的投资。在金融深化经济中，储蓄者能够选择投资的范围更大，市场扩大了，就能够在更大的范围内进行选择，对投资信息的获得也变得更容易。这样各地资本市场统一，成为一个统一的市场。

在扩展的资本市场上，利率可用来甄别各种投资选择，扩展的资本市场往往是新投资企业和技术创新投资项目出现的相应条件。各种投资竞相争夺储蓄支配权。储蓄通过不受相对价格制约的狭窄管道，流入了企业的重复性投资项目。在金融抑制条件下，对储蓄投资用途的研究，往往是随意和偶然的，很少进行投资收益率的比较。由此可见，金融深化是对储蓄流量进行竞争性和创新性分配的一个重要前提。可以肯定，在金融浅短的经济中，边际投入—产出比例很高。

落后经济中的失业在某种程度上是金融抑制的结果。稀缺的储蓄只能给生产提供不充足的资金。更糟糕的是，阻塞储蓄的低利率，加上比较高的最低工资率，给劳动者提供了不合适的生产设备。这样，即使资本稀缺且劳动力丰富，资金也还是投向了资本密集型产业，导致劳动密集型的农业和本土制造业丧失比较优势的汇率高估，且不会改善劳动者的境况。

金融深化及其相关的政策，有助于促进收入分配的平等。在某些落后的经济中，劳动力对资本的替代弹性也许很高，因而相对于工资率而言，利率和汇率的提高可能既增加就业，又提高工资收入的份额。再者，金融深化会减少垄断收入，这种收入是通过进口和其他许可证流向有特权的少数进口商、银行借款者或电力消费者的。

（二）金融创新理论

1. 金融创新的概念

我国经济学家和知名人士对金融创新的定义可以总结为：金融业的发展史就是一部金融创新史，金融创新指的是金融史上的每一次重大变革，而不是某个阶段的改革；同时金融创新包含的不只是理论创新，还有业务创新。目前，从整体来看我国的金融创新尚处于初步阶段，仍需要进一步健全金融体系、加强金融监管力度等。

2. 金融创新的理论流派

（1）技术推进理论

技术推进理论认为，新技术革命的出现及其在金融业的运用，是促进金融创新发展的主要因素。计算机、电信工业等高新技术在金融业的应用，能够促进金融业的信息化发展，在技术和物质上为金融业的发展提供了保障。企业的规模越大，市场结构就会越集中，进而提高技术创新的可能性。毕竟中小企业无法负担新技术发明所需的大量资金；而大企业市场集中，发明者的利润能够长期保存，不会因为被竞争者模仿而消失。

（2）财富增长理论

财富增长理论认为，金融创新的出现主要是由经济高速发展带来的财富增长促成的。不断增长的财富，使人们对金融资产和金融交易的需求日益增加，金融业需要不断创新满足人们的金融需求。这一理论主要是从金融需求的角度出发，相对来说比较片面。首先，金融需求促进金融创新，必须要在金融管制放松的前提下进行，否则严厉的金融管制一定会抑制因金融需求而产生的创新活动；其次，金融创新不但要考虑需求方面，也要考虑供给方面，单方面的动力很难持久；最后，该理论的财富效应仅能解释20世纪70年代前的金融创新。

（3）约束诱导理论

约束诱导理论认为，金融创新的根本原因是金融业对其内部和外部制约的回避和摆脱。这一理论是从供给的角度来探索金融创新的。为了摆脱各种内部和外部的制约，金融机构会发明出各种金融工具、金融服务、交易方式等。金融业内部的制约主要是增长率、资本率、流动资产比率等传统的管理指标。外部制约主要是指金融当局的管理和制约。当金融机构的利润目标被这些内、外的制约阻碍时，就会被迫探索新的金融工具、金融服务、管理方式等，以回避这些制约，实现利益最大化。

（4）制度改革理论

制度改革理论认为，金融创新是一种制度改革，与经济制度相互影响、互为因果。这一理论认为，金融界任何一次的制度变革都可以称作金融创新。政府为了稳定金融体制，防止收入不均制定的一些相关制度，也属于金融创新。另外，这一理论还认为，降低成本来增加收入或者稳定金融体系都可能是金融创新的成因。从这方面看，该理论将政府行为也看作金融创新的成因。

（5）规避管制理论

规避管制理论认为，金融创新的主要原因是金融机构为了回避政府的管制和获取利润而产生的。这一理论认为，政府的管制和控制，在实质上属于隐含的税收，会影响金融机构的利润。因此，金融机构会探索出新的金融工具来回避政府的管制。当金融创新开始影响金融稳定的时候，政府部门或者金融当局又会加强管制，新的管制又会促进新的金融创新出现，两者相互影响、不断交替，从本质上来说是一个相互促进、相互推动的过程。

（三）金融深化与金融创新

金融深化与金融创新两者之间的关系，可以这样表述：金融深化是金融创新的前提条件或实现途径，金融创新是金融深化的结果，金融创新反过来又会促进或加深金融深化的进程。

金融深化是针对发展中国家存在的经济上的分割性、金融市场的落后性和分割性，以及严重的金融压制而提出的。发展中国家并不拥有像发达国家那样完善的金融体系，因此，发展中国家金融压制的解除、金融的自由化并不会大量地产生现代金融创新现象，至少在相当长的一段时期内不会大量产生。由于金融技术的可移植性，随着金融深化的不断深入，金融市场不断得到发展，某些较为合适的金融创新技术会在发展中国家得以应用，金融创新会得到一定的发展，但不会大规模发展，大规模的金融创新尚需时日，有待于金融体系的发展和完善。

就发展中国家而言，金融深化从根本上讲就是促进金融体制改革，使其适应市场经济特征，更富于竞争性，可有效地促进储蓄转化为投资，最终达到促进金融相关系数稳步提高的目的；金融创新的目的就是逃避管制，规避风险，追求利润最大化。由此可见，金融深化与金融创新之间存在着极为密切的联系，两者体现为一定的趋同性。其原因是，金融深化与金融创新在实质内容上没有多大差别，即使存在某种差别，这种差别之间也存在着极大的互补性。因此，将两者统一起来看待，更为符合客观现实。

第二节　金融体系

一、金融体系概念

金融体系是一个经济体中资金流动的基本框架，它是资金流动的工具（金融资产）、市场参与者（中介机构）和交易方式（市场）等各金融要素构成的综合体，同时，由于金融活动具有很强的外部性，在一定程度上可以是准公共产品。因此，政府的管制框架也是金融体系中一个密不可分的组成部分。

在现实中，世界各国具有不同的金融体系，很难用一个相对统一的模式进行概括。从直观上看，发达国家金融制度之间一个较为显著的区别体现在不同的国家中金融市场与金融中介的重要性上。这里有两个特例：一个是德国，几家大银行起支配作用，金融市场作用不明显；另一个是美国，金融市场作用很大，而银行的集中程度很小。

从一般性意义上看，一个金融体系包括几个相互关联的组成部分：第一，金融部门；第二，融资模式与公司治理；第三，监管体制。

金融体系不是这些部分的简单相加，而是它们的相互适应与协调。因此，不同金融体系之间的区别，不仅是其构成部分之间的差别，而且是它们相互关系协调关系的不同。

（一）金融体系内容与类型

金融体系包括金融调控体系、金融企业体系（组织体系）、金融监管体系、金融市场体系、金融环境体系五个方面。

1. 金融调控体系

金融调控体系既是国家宏观调控体系的组成部分，包括货币政策与财政政策的配合、保持币值稳定和总量平衡、健全传导机制、做好统计监测工作、提高调控水平等，也是金融宏观调控机制，包括利率市场化、利率形成机制、汇率形成机制、资本项目可兑换、支付清算系统、金融市场（货币、资本、保险）的有机结合等。

2. 金融企业体系

金融企业体系既包括商业银行、证券公司、保险公司、信托投资公司等现代金融企业，也包括中央银行、国有商业银行、政策性银行、金融资产管理公司、中小金融机构、各种所有制金融企业、农村信用社等。

3. 金融监管体系

金融监管体系包括健全金融风险监控、预警和处置机制，实行市场退出制度，增强监管信息透明度，接受社会监督，处理好监管与支持金融创新的关系，建立监管协调机制（银行、证券、保险及与央行、财政部门）等。

4. 金融市场体系

金融市场体系包括扩大直接融资，建立多层次资本市场体系，完善资本市场结构，丰富资本市场产品，推进风险投资和创业板市场建设，拓展债券市场，扩大公司债券发行规模，发展机构投资者，完善交易、登记和结算体系，稳步发展期货市场。

5. 金融环境体系

金融环境体系包括建立健全现代产权制度、完善公司法人治理结构、建设全国统一市场、建立健全社会信用体系、转变政府经济管理职能、深化投资体制改革。

（二）金融体系基本框架

按我国金融机构的地位和功能进行划分，主要体系如下。

1. 中央银行

中国人民银行是我国的中央银行，1948 年 12 月 1 日成立。在国务院领导下，制定和执行货币政策，防范和化解金融风险，维护金融稳定，提供金融服务，加强外汇管理，支持地方经济发展。中国人民银行与中国银行的主要区别为：中国人民银行是政府的银行、银行的银行、发行的银行，不办理具体存贷款业务；中国银行则承担与工商银行、农业银行、建设银行等国有商业银行相同的职责。

2. 金融监管机构

我国金融监管机构主要有：国家金融监督管理总局，2023 年 3 月组建，统一负责除证券业之外的金融业监管；中国证券监督管理委员会，简称中国证监会，1992 年 10 月成立，依法对证券、期货业实施监督管理。

3. 国家外汇管理局

成立于 1979 年 3 月 13 日，当时由中国人民银行代管；1993 年 4 月，根据八届人大一次会议批准的国务院机构改革方案和《国务院关于部委管理的国家局设置及其有关问题的通知》，国家外汇管理局为中国人民银行管理的国家局，是依法进行外汇管理的行政机构。

4. 国有重点金融机构监事会

国有重点金融机构监事会由国务院派出，对国务院负责，代表国家对国有重点金融机构的资产质量及国有资产的保值增值状况实施监督。

5. 政策性金融机构

政策性金融机构由政府发起并出资成立，为贯彻和配合政府特定的经济政策和意图而进行融资和信用活动的机构。我国的政策性金融机构包括三家政策性银行：国家开发银行、中国进出口银行和中国农业发展银行。政策性银行不以营利为目的，其业务的开展受国家经济政策的约束并接受中国人民银行的业务指导。

6. 商业性金融机构

我国的商业性金融机构包括银行业金融机构、证券机构和保险机构三大类。

（1）银行业金融机构

银行业金融机构包括商业银行、信用合作机构和非银行金融机构。商业银行是指以吸收存款、发放贷款和从事中间业务为主的营利性机构，主要包括国有商业银行（中国工商银行、中国农业银行、中国银行、中国建设银行）、股份制商业银行（交通银行、中信银行、中国光大银行、华夏银行、中国民生银行、广东发展银行、深圳发展银行、招商银行、兴业银行、上海浦东发展银行、恒丰银行等）、城市商业银行、农村商业银行以及住房储蓄银行、外资银行和中外合资银行。信用合作机构包括城市信用社及农村信用社。非银行金融机构主要包括金融资产管理公司、信托投资公司、财务公司、租赁公司等。

（2）证券机构

证券机构是指为证券市场参与者（如融资者、投资者）提供中介服务的机构，包括证券公司、证券交易所、证券登记结算公司、证券投资咨询公司、基金管理公司等。这里所说的证券主要是指经政府有关部门批准发行和流通的股票、债券、投资基金、存托凭证等有价凭证，通过证券这种载体形式进行直接融资可以达到投资和融资的有机结合，也可以有效节约融资费用。

（3）保险机构

保险机构是指专门经营保险业务的机构，包括国有保险公司、股份制保险公司和在华从事保险业务的外资保险分公司及中外合资保险公司。

（三）金融体系基本功能

1. 金融体系的交易和支付功能

在经济货币化日益加深的情况下，建立一个有效的、适应性强的交易和支付系统乃基本需要。可靠的交易和支付系统应是金融系统的基础设施，缺乏这一系统，高昂的交易成本必然与经济低效率相伴。一个有效的交易和支付系统对于社会交易是一种必要的条件。交易和支付系统的发达，可以降低社会交易成本和促进社会专业化的发展，这是社会化大生产发展的必要条件，大大提高了生产效率和促进了技术进步。所以说，现代交易和支付系统与现代经济增长是相伴而生的。

2. 金融体系的融资功能

金融体系的融资功能包含两层含义。一是动员储蓄和提供流动性手段。金融市场和银行中介可以有效地动员全社会的储蓄资源或改进金融资源的配置。这就使初始投入的有效技术得以迅速地转化为生产力。在促进更有效地利用投资机会的同时，金融中介也可以向社会储蓄者提供相对高的回报。金融中介动员储蓄的最主要优势在于：一是它可以分散个别投资项目的风险；二是可以为投资者提供相对较高的回报（相对于耐用消费品等实物资产）。金融系统动员储蓄可以为分散的社会资源提供一种聚集功能，从而发挥资源的规模效应。金融系统提供的流动性服务，有效地解决了长期投资的资本来源问题，为长期项目投资和企业股权融资提供了可能，同时为技术进步和风险投资创造出资金供给的渠道。

3. 金融体系的股权细化功能

将无法分割的大型投资项目划分为小额股份，以便中小投资者能够参与这些大型项目的投资。通过股权细化功能，金融体系实现了对经理的监视和对公司的控制。在现代市场经济中，公司组织发生了深刻的变化，就是股权高度分散化和公司经营职业化。这样的组织安排最大的困难在于非对称信息的存在，使投资者难以对资本运用进行有效的监督。金融系统的功能在于提供一种新的机制，就是通过外部放款人的作用对公司进行严格的监督，从而使内部投资人的利益受到保护。

4. 金融体系的资源配置功能

为投资筹集充足的资源是经济起飞的必要条件，但投资效率即资源的配置效率对经济增长同样重要。对投资的配置有其自身的困难，如生产率风险、项目回报的信息不完全、对经营者实际能力的不可知等。这些内在的困难要求建立一个金融中介机构。金融系统的优势在于为投资者提供中介服务，并且提供一种与投资者共担风险的机制，使社会资本的投资配置更有效率。中介性金融机构提供的投资服务可以表现在：一是分散风险；二是流动性风险管理；三是进行项目评估。

5. 金融体系的风险管理功能

金融体系的风险管理功能要求金融体系为中长期资本投资的不确定性即风险进行交易和定价，形成风险共担的机制。由于存在信息不对称和交易成本，金融系统和金融机构的作用就是对风险进行交易、分散和转移。如果社会风险不能找到一种交易、转移和抵补的机制，社会经济的运行不可能顺利进行。

6. 金融体系的激励功能

在经济运行中激励问题之所以存在，不只是因为相互交往的经济个体的目标或利益不一致，还因为各经济个体的目标或利益的实现受到其他个体行为或其所掌握的信息的影响。即影响某经济个体的利益的因素并不全部在该主体的控制之下，比如现代企业中所有权和控制权的分离就产生了激励问题。解决激励问题的方法很多，具体方法要受到经济体制和经济环境的影响。金融体系所提供的解决激励问题的方法是股票或者股票期权。通过让企业的管理者以及员工持有股票或者股票期权，企业的效益也会影响管理者以及员工的利益，从而使管理者和员工尽力提高企业的绩效，他们的行为不再与所有者的利益相悖，这样就解决了委托代理问题。

7. 金融体系的信息提供功能

金融体系的信息提供功能意味着在金融市场上，不仅投资者可以获取各种投资品种的价格以及影响这些价格因素的信息，而且筹资者也能获取不同的融资方式的成本信息，管理部门能够获取金融交易是否在正常进行、各种规则是否得到遵守的信息，从而使金融体系的不同参与者都能做出各自的决策。

（四）金融体系必备能力

1. 稳定能力

一个稳定的金融系统才具有竞争力，才能应对各种潜在威胁，化解金融风险，保障金融安全，才能保持货币稳定，没有过度通货膨胀或通缩、过度扭曲性融资安排和过度金融泡沫，因此金融体系应该具备稳定能力。金融体系不稳定的代价是非常严重的。首先，定价体系的紊乱会扰乱实体经济领域的交易秩序，破坏正常的生产活动；其次，社会信用会受到影响，融资活动难以正常进行，从而影响投资进而影响经济的增长；最后，不稳定的金融体系使人们产生不确定的预期，极易导致具有巨大破坏力的集体行动，对正常的经济活动产生强大的冲击力。因而金融保持自身的稳定对整体经济的稳定意义重大。金融稳定要求定价体系能够正常运转，币值、利率、汇率、股价等价格指标保持稳定；要求具备危机预警指标体系和识别、转移、控制、分散风险的机制，能够应对各种突发事件的冲击，化解风险，解除危机；要求具有约束微观金融机构进入金融市场、开展各项经营活动的规章制度并保证它们能够被遵守的机制；要求建立对金融体系进行宏观监管的机构、监管规则和监管手段。

2. 适应能力

金融体系是在特定的经济环境中实现其各项功能的，金融体系必须适应其赖以存在的经济环境，同时经济环境处在不断的变化之中，金融体系也必须同步变化，即应该具备适应能力和创新能力。金融体系的适应能力即一国的金融发展应该放在强调金融体系基本功能正常发挥的制度建设和协调发展上，而不是脱离金融体系的基本功能去看重市场外部结构的发展和规模的扩充，否则，忽视金融功能谈金融发展就有可能造成金融资源的严重浪费和扭曲。另外，值得指出的是，金融体系的活动存在外部性：偏重某一金融功能的发挥，有时可能会放大它的负面效应，比如为了提高金融体系价格发现功能，市场的整合与利率和汇率的市场化是必要的，但是这些做法会增加市场风险，如果金融体系的风险防范和分散功能还不到位，那么这种不平衡的发展就会导致宏观经济的不稳定，最终会反过来遏制金融体系的价格发现功能的正常发挥。一个能保证金融发展和实体经济之间良性互动关系的金融体系，绝对不是单纯地在规模和数量上追求最好的投、融资制度和金融工具的集合，而应该是能够平衡好各种利益冲突、效果冲突，在此基础上能够有效地发挥金融体系六大基本功能，从而推动实体经济持续稳定地增长的最优化的动态体系。

3. 经营能力

金融体系必须通过自身的经营活动实现其各项功能，除了初期必需的投入以外，它不能依赖于政府或任何个人的连续不断的资金投入，这样的金融体系才能够长期存在并不断发展，即金融体系必须具有经营能力。金融机构的经营能力是指金融机构利用经济资源实现经营目标的程度。经济主体的多元性，导致经营目标的多元化，经营绩效是多元化目标的综合反映，是经营能力大小的反映。金融机构通过向社会提供负债工具、信贷资产使用权、股票、债券等金融服务或者工具来达到经营目的。金融机构必须依靠自身的能力来履行其各项职能，而不能依靠不断地外部资源投入，因而经营能力是金融机构得以生存的必要条件，是它能够不断发展的基础。

4. 配置能力

为了发挥在时空上实现为经济资源转移提供渠道的功能和融通资金、股权细化功能，金融体系必须能够对金融资产进行定价，能够将非流动性资产变成流动性资产，并且能够将资产进行最优的配置，因此金融体系必须具有配置能力、流动能力、定价能力。金融资源配置效率是指市场以最低交易成本为资金需求者提供金融资源的能力，换句话说，是将有限的金融资源配置到效益最好的企业和行业的能力。金融中介的资金配置作用主要来自金融中介的信息优势。在政府主导型的融资制度下，银行与企业从理论上说应关系密切，特别是日本、韩国等国主银行制度的建立，对银行和企业之间的信息流通是非常有利的，银行可以充分利用这一信息优势选择好的项目并对项目的履行进行有效监督，实现较高的资金配置效率。提高资金配置效率，除了可以利用金融中介的信息优势外，还可以通过合同安排降低资金配置所需要的信息量来实现。信息不对称所引起的逆向选择和道德风险是影响资金配置效率的主要因素。当提高企业自有资金比例或增加抵押、担保后，可以减少甚至消除逆向选择和道德风险，从而减少甚至取消银行提供贷款时对信息的需求，即信息与自有资金、抵押、担保之间存在着互补关系。金融体系通过银行、证券、保险等多种渠道将资金从储蓄领域高效地引至投资领域，并发挥金融系统的监督功能，促使资金在实体经济领域的良性循环，实现资源的优化配置。

5. 传导能力

各国都将金融体系作为对经济进行宏观调控、传导政策意图的途径，金融体系必须具有传导能力，才能实现这种用途。金融体系是政府影响实体经济部门、促进经济增长的重要渠道。它之所以天然地能够承担起这一传导政策意图的职能，是因为它同时与经济部门有着千丝万缕的联系，并且具有操作方便、容易测量、能够控制的特点。政策措施通过金融体系的传导一般需要经过以下三个层次：第一层是货币政策对金融体系影响的传导链；第二层是金融体系对实体经济部门影响的传导链；第三层是实体经济的各部门对经济增长的贡献。金融体系传导政策意图的能力可以通过传导的及时性、完整性、准确性来加以衡量。政府的政策措施只有被及时传导才会产生良好效果，否则这种政策措施在变化后的环境中发挥的作用可能会适得其反。完整性是指政府的所有政策意图都要能够被传导至经济活动中，而不能遗漏其中的一些内容，否则可能达不到预期的政策效果。准确性是指依照政策制定者所设计的方式来加以传导，从而使得这些政策能够按照政策制定者预期的方式发挥作用。

6. 流动能力

流动性是指由于金融体系的作用，资源可以更充分地流动。资源的充分流动对经济运行的好处是显而易见的，它使处于闲置状态的资源能被投入运用，还可使运用效率低的资源流向更有效率的用途。金融体系的流动能力具有两个方面的含义：一是它将固定的、不流动的资产变现为流动资产的能力；二是流动性资产在不同投资者之间流转的能力。如何衡量金融体系的流动性呢？一是当全部有效资金供应都流向了需求方，全部有效需求都得到了满足，不存在闲置资金，也不存在未满足的有效资金需求时，货币资金的供求就达到了最佳的均衡状态。二是配置在各种用途上的资源的边际价值达到均等，使资源配置处于最佳状态。

7. 定价能力

市场经济遵循等价交换的原则，金融市场上的交易也不例外。金融交易中的定价不仅要考虑金融产品的内在价值，同时要考虑其风险价值。在金融市场上，金融产品的价格可以通过公开的竞价方式形成，通过这种竞价过程，金融市场能够在迅速平衡金融产品供给和需求的同时，为金融产品形成统一的市场价格。基于此，金融市场才能够有效地指导增量金融资源的积累与存量资源的调整。因此，金融体系对金融资产准确定价是配置资源和消化风险的前提。

8. 创新能力

金融体系是在特定的经济环境中存在并发挥作用的，没有也不可能存在能够脱离经济环境而独立存在的金融体系。由于社会分工的不断深化、国际经济联系的进一步加强、技术手段和知识在经济发展中得到越来越多的应用、市场交易的方式日益增多，现代经济环境正在变得越来越复杂。与此相应，现代经济中所蕴藏的风险也越来越复杂。因此在经济中发挥枢纽作用的金融体系必须具有随经济环境变化而变化的能力，只有如此它才能够正常行使其所承担的各项职能，才能满足经济发展对金融体系提出的各项要求。金融体系的创新与经济环境的变迁是互动的。一个僵化的金融体系只会使经济运行受到阻碍，从而制约经济的进一步发展。

9. 信息能力

金融体系传导信息的功能特别重要，正是由于金融体系发挥了这一功能，市场才真正被连接到一起。与单个投资者对代理人所管理的企业的独立监督相比，投资者联合起来组成联盟，由联盟派出代表进行监督成本更低。这个联盟可以是金融中介，也可以是金融市场。金融中介在监督企业方面存在比较优势，而金融市场在信息获取和汇总方面存在比较优势。金融市场特别是股票市场的一个重要功能就是信息的及时快速传播。因为股票市场上的交易价格是快速变动而且公开的，而作为有效市场，股票价格包含大量的公司信息。加上股票市场的信息披露，从而使股票市场成为信息最完全、传播最快的市场。尽管如此，股票市场信息仍然可能是不完全的，因而存在套利机会。那些通过非公开渠道获得公司信息的投资者，就能够在信息广泛传播之前通过证券买卖获得利润。

（五）金融体系的基本作用

对金融体系产生影响的因素中，交易成本和信息不对称起着非常重要的作用。金融体系的几大功能都与这两个因素有关。

交易成本指金融交易中所花费的时间和金钱，是影响金融体系功能效率的主要因素。对个人来说，发放贷款的交易成本是非常高的。为了保护自己的资金，在发放贷款前需要调查项目、调查借款人的信用水平，聘请专门的法律人员设计完备的借款合同等。高额交易成本的存在成为资金在借、贷双方流动的阻碍。银行等金融中介机构在解决这个问题上存在较大的优势。它们具有规模经济效应，因此可以节约交易成本。金融中介从个人和企业聚集资金再将其贷放出去。由于形成了规模经济，金融中介可以减少交易成本。

信息不对称在交易之前会造成逆向选择问题，在交易之后会导致道德风险问题。如果想在贷款市场上尽量减少逆向选择问题，就需要贷款者从不良贷款的风险中识别好的项目。道德风险的存在降低了还款的可能性，使贷款者的预期收益降低，从而降低了他们提供贷款的愿望。股东和经理人之间也存在这个问题。股东期望公司实现利润的最大化从而增加其所有者权益。而实际上，经理人的目标常常与股东的目标有所偏差。由于公司的股东人数众多且比较分散，无法对经理人进行有效的监控，经理人掌握私人信息，股东无法避免经理人隐藏信息，实施对自己有利而对股东不利的行为。

金融中介在解决信息不对称带来的道德风险和逆向选择时，也显示出了自身的优势。由于其在生产公司信息方面是专家，因此在某种程度上可以分辨信贷风险的高低。银行等金融中介从存款者那里获得资金，再将其贷给好的公司，这就保证了银行的收益。贷款发放以后，银行代表存款者对项目进行监督。一旦银行与企业签订长期贷款合同，那么其对企业的监管成本要比直接去企业监督的成本低。金融中介机构的作用是“代理监督”。可以在一定程度上解决债务人和债权人之间的委托—代理问题。当然，银行并不能完全解决信息不对称所带来的问题。银行掌握信息的优势是相对于存款者来说的，而借款者拥有的有关自身情况、项目性质等的信息是最多的。因此银行也常常面临道德风险和逆向选择问题，银行的不良资产就说明了这一点。

利用银行融资和利用资本市场融资的主要差别集中在解决交易成本以及信息不对称所带来的道德风险、逆向选择问题上。银行在降低交易成本方面比证券市场更有优势；在信息不对称的条件下，银行解决委托—代理问题的能力也强于证券市场。这也正好可以解释为什么人们一度认为银行导向型金融体系比市场导向型金融体系更有利于经济的发展。然而，近20年来，市场导向型体系国家，特别是美国出现了持续的经济高涨，而银行导向型体系国家相对而言竞争力明显减弱。不仅如此，银行导向型国家还在大力发展市场机制，出现了向市场导向型体系融合的趋势。其中技术进步所起的作用是不容忽视的。

（六）金融体系的科技影响

1. 技术进步带来的变化

国际金融市场上最显著的三个变化是：资产证券化、网上交易和金融市场国际化。计算机技术的进步是这些变化的重要物质基础。

（1）资产证券化

资产证券化是将非流动性金融资产转变为可交易的资本市场工具。由计算机记录，金融机构发现它们可以将多种形式的债务组合绑在一起，集合利息和本金，再将其卖给第三方。计算机技术还可以使金融机构为市场的特殊需求量身定做有价证券，集合抵押债务就是例子。计算机化使集合抵押债务可以划分为几级。每级根据不同的风险等级获取不同的收益。

（2）网上交易

网上交易可以使大宗的股票及其他有价证券的买卖通过网络进行，大大节省了交易成本。同时它还打破了交易者在地理上的局限性，使交易者无论身处何地都可以即时参与交易。虽然网络安全问题仍然存在，但证券市场的网上交易与其他类型的电子商务一样都被认为有着广阔前景的发展方向。

（3）金融市场国际化

技术的进步使交易者可以在全球传递股票价格和即时信息。交易者可以不受市场营业时间的限制，国际交易的低成本使对外投资更为容易。

2. 技术进步对金融体系的影响

(1) 债务市场规模更大、越来越多的债务工具开始可以交易

信息技术的进步减少了金融市场中的信息不对称，减少了逆向选择和道德风险问题，使不透明的资产变成了信息充分的有价证券，交易成本也下降了。交易成本的下降增加了这类债务的供给并加强了它们的流动性。因此，债务市场发展起来。而这种债务已经不仅只以银行贷款的形式出现，它通常作为新兴的金融产品在证券市场上进行交易，如 CMO 债券等。

(2) 衍生产品市场发展起来，企业交易的市场风险成本降低

衍生产品市场在 20 世纪 70 年代出现。20 世纪 80 年代，柜台交易衍生产品市场迅速发展。它们是应供求两方面的需要而出现的。20 世纪 70 年代，宏观经济动荡，与此相关的汇率和利率也不稳定，这提高了企业对更好地管理系统风险的需要。供给方面，金融理论的发展使金融机构可以以较低的成本在这些市场上运作，特别是金融工程学为资本定价和风险管理提供了理论依据。

(3) 支付体系向电子体系发展，减少了家庭对将其财富投资于银行存款的需求

技术进步对金融体系的影响是通过对交易成本和信息不对称问题的解决来实现的。它对交易成本的影响在于：计算机的出现以及便宜的数据传输导致了交易成本的锐减。通过增加交易的数量，以及让金融机构以低成本提供新的产品和服务，从而使金融体系的效率更高。计算机和通信技术可以合称信息技术，它对金融市场信息对称产生了深远的影响。投资者可以更容易地识别不良贷款的风险，或去监督企业，从而减少逆向选择和道德风险的问题。结果是，发行可交易证券的障碍减少，从而鼓励了发行。由此导致的必然结果是人们对银行的依赖程度降低，银行在金融体系中的重要性被削弱；与此同时，证券市场在解决以上两个问题时，相对于银行的劣势在很大程度上也得到了弥补，而在流动性上的优势得以发挥，其重要性也日益凸显出来。由此，银行主导型金融体系表现出向市场主导型融合的趋势。

二、金融风险治理体系

当前，全球正经历新一轮科技革命与产业变革，互联网与经济社会的深度融合已成时代潮流。在技术进步与金融发展的双重驱动下，我国互联网金融在呈现快速发展态势的同时，也暴露出一些亟待解决的问题。对此，必须充分认识到，互联网没有改变金融的功能属性和风险属性，互联网和金融的融合发展必须遵循经济活动的基本规律，坚守不发生系统性和区域性金融风险的底线。因此，构建行之有效的互联网金融风险治理体系，促进互

联网金融行业规范健康发展，是当前金融深化改革亟待深入研究并加快实施的重大议题。

（一）构建互联网金融风险治理体系的重要意义

金融业是一个与财富打交道的特殊行业，风险与生俱来、无处不在，防范风险是金融业的永恒主题。在互联网时代，尤其是移动互联网时代，这个主题不但不会改变，反而更具挑战性。构建互联网金融风险治理体系具有重要的战略意义和现实意义。

构建互联网金融风险治理体系是推进国家金融治理体系和治理能力现代化的题中应有之义。金融是现代经济的核心，是资源配置的枢纽。近年来，大数据、云计算、移动互联等网信技术不断取得突破，促进了互联网与金融的快速融合，为现代金融体系注入了新活力，为金融业转型升级增加了新动力，同时也对国家金融治理体系和治理能力提出了新挑战。作为一项新生事物，互联网金融还有许多需要探索的领域和内容，但究其本质，它还是金融，其活动没有脱离资金融通、信用创造、风险管理的范畴，没有违背风险收益相匹配的客观规律，也没有改变金融风险隐蔽性、突发性、传染性和负外部性的特征。不仅如此，现代网络空间的多维开放性和多向互动性，使互联网金融风险的波及面、扩散速度、外溢效应等影响都远超出传统金融。从当前我国互联网金融领域反映出来的情况看，某些业态偏离正确创新方向，风险事件接连发生，使整个行业的形象和消费者信心受到了较大冲击。互联网金融风险治理客观上已成为当前金融业改革发展和国家金融治理体系的一个薄弱环节。加快构建互联网金融风险治理体系，有助于降低金融风险与技术风险的叠加效应，引导互联网金融走入“依法合规、趋利避害、风险可控、规范发展”的良性轨道。

构建互联网金融风险治理体系是遵循金融业发展规律的客观要求。纵观世界金融发展史，出于金融内生的脆弱性和外部规制的滞后性等原因，每一轮重大金融创新在诞生之初都伴随着风险的快速积累甚至引致金融危机的过程。比如，纸币取代了金属货币，扩大了通货膨胀幅度和范围；股票交易的出现，催生了资产泡沫的形成；21 世纪初，欧美资产证券化领域的过度创新和风险管理滞后以及所隐藏的道德危机引发了本轮国际金融危机。从金融业“抑制—创新—风险—规制”的动态循环演进可以看出，风险治理与金融创新并不矛盾，两者之间必须形成适度均衡。互联网金融在现代业务模式、服务理念、技术产品等方面的创新，为金融体系的市场化、普惠化发展带来了新鲜元素，展现了巨大的市场空间和发展潜力，但这并不意味着互联网金融的发展可以没有边界，创新可以没有规则，业务可以没有规矩。加快构建互联网金融风险治理体系，有助于明确业务边界和创新规则，将符合客观规律和实际需求的创新和违背客观规律的创新、合理合规的创新和脱离理性的创新、立足服务实体的创新和脱实向虚的创新区分开来。

构建互联网金融风险治理体系是维护人民群众切身利益的现实需要。随着改革开放以来我国经济的平稳快速发展，社会财富不断积累，居民资产多元化配置的需求日益强烈、持续增加。而近年来网络借贷（P2P）、网络资管等新兴业态凭借其互联网平台效应和集聚效应，快速成为公众投资理财的重要渠道。然而，在当前我国经济下行压力较大，去产能、去杠杆等结构性调整持续深入，实体企业生产经营困难增多的形势下，互联网金融面临的宏观经济形势和经营环境更加复杂多变。为此，加快构建互联网金融风险治理体系，有助于打击互联网金融领域违法违规活动，可以使互联网金融在规范中谋求更好的发展，在发展中实现规范有序，切实维护广大人民群众切身利益。

（二）构建互联网金融风险治理体系的基本原则

构建互联网金融风险治理体系，应按照推进国家金融治理体系和治理能力现代化的总体方向，凝聚政府、市场、社会等多方行动力量，准确把握互联网金融风险实质与特征，完善互联网金融各项政策措施和体制机制，实现各环节、各领域风险全覆盖，促进行业规范有序发展。

1. 明确分类，精准发力

互联网金融风险复杂性、多样性、交叉性特征较为明显，从宏、微观各个层面对各类风险进行准确定性是构建风险治理体系的重要前提。要对信用风险、流动性风险、合规风险、操作风险等传统金融风险在互联网金融不同业态中的具体表现和内在成因进行系统梳理。对具有相同属性和风险实质的金融业务，要依据其行为或功能，统一监管规则、业务标准和风控要求。例如，针对信用风险，要明确准入标准和经营准则；针对流动性风险，要建立流动性监测体系和风险应急预案，提出审慎监管要求；针对合规风险，要明确法律法规，统一业务行为边界；针对操作风险，要完善业务权限管理和操作指引。要深入研究互联网与金融结合所带来的长尾风险、技术风险、信息安全风险、网络安全风险等新生风险的特点，采取投资者适当性、信息披露、产品登记等针对性措施予以防范与化解。同时，要建立工作机制，密切跟踪互联网金融创新行为，评估其风险特征，及时对相关监管规则、行业标准和政策措施进行适应性调整。

2. 综合施策，全面覆盖

互联网金融业态众多、模式各异、创新速度快，通过采取多元化、综合化措施，实现对互联网金融各环节、各领域风险全覆盖是构建风险治理体系的基本目标。要针对准入、交易、退出等互联网金融业务各个环节，将资金流和信息流全面纳入风险监测体系，防止资金和信息脱离监管视野实现“体外循环”。要综合采取信息披露、资金存管、反不正当竞争、信用评级等措施，打好“组合拳”、破解“综合题”，提高风险治理的有效性。要针对部分复杂、跨界业务实施穿透式核查和全流程监管，按照“实质重于形式”的原则，根据业务功能、法律属性、风险实质明确监管规则和风控要求，不留空白和套利空间。

3. 立足当前，重在长效

风险治理体系必须把握好化解当前风险与建立长效机制的关系。一方面，当前构建风险治理体系的核心任务是切实防范和化解当前互联网金融领域存在的风险隐患，扭转某些业态跑偏局面，遏制风险事件频发高发势头。另一方面，构建风险治理体系还要着眼于长远，总结提炼经验，以问题和风险为导向，将长效机制建设贯穿风险治理全过程，着力解决互联网金融领域暴露出的监管体制不适应、自律惩戒机制不到位、行业基础设施薄弱、生态环境不完善等问题。

4. 多方参与，共治共享

互联网金融跨地域性强、涉及面广、参与主体众多，构建风险治理体系是一项复杂的系统工程，要把无形之手和有形之手有机结合，既要坚持发挥市场在资源配置中的决定性作用，通过行业自律和社会监督实现扶优限劣，也要发挥政府作用，通过监管和法律手段及时把害群之马绳之以法。同时，还要把握好中央与地方的关系，要在中央和地方金融监管职责和风险处置责任的总体框架下，明确各领域风险治理的主体责任，强调跨部门、跨地域的协调配合，避免出现治理空白和工作缺位。

三、金融组织体系

金融组织体系是指在一定的社会经济及金融制度下，由国家法律形式确定的银行体系和非银行金融机构的组织结构，以及各类金融机构在整个金融体系中的地位、职能和相互关系。

（一）金融组织体系的特点

1. 金融机构种类和数量增加较快

改革开放以后，我国逐步强化金融机构在国民经济运行中的地位，进一步发挥金融在国民经济中的地位和作用。同时，按照机构设置原则，根据经济发展的需要，批准建立了大量金融机构。从业务活动范围来看，既有中央银行，又有政策性银行和商业银行，以及非银行金融机构。从所有制形式看，既有国有金融机构，又有股份制、合作金融组织及外资金融机构。从区域性看，有全国性的金融机构，又有区域性的金融机构。从融资形式看，既有间接融资机构，又有直接融资机构。

2. 中央银行宏观调控能力不断加强

金融管理从过去以行政管理为主，逐步过渡到以经济手段、法律手段为主。中央银行逐步改革货币政策工具，运用以间接调控为主的货币政策工具，增强调控能力，从以贷款限额为主过渡到运用多种货币政策工具控制货币供应量，实行资产负债比例管理、推进公开市场业务操作，运用再贴现、准备金、利率等各项工具，建立、健全金融法律体系。

3. 金融机构经营机制不断改善

在实施改革开放政策以前，我国金融机构实行的是垄断经营和政企合一的管理制度，权、责、利脱节。1979 年以后，各金融机构逐步实行独立核算、自主经营，逐步向企业化经营方向迈进。

（二）金融组织体系的作用

金融组织体系的作用：以发展间接信用机构为主体，又开拓了直接信用机构，包括信托投资公司、金融公司、金融租赁公司等作为补充。直接信用机构从事经营信托投资业务，接受筹资者和投资者双方的委托，根据双方所提供条件，从中撮合他们直接办理资金借贷。这种信用机构的优点，一是资金供需双方直接结合，投资者可以获得比银行储蓄存款高的利息，而筹资者只支出比银行放款低的利息，双方均有利可图；二是这种信用组织体系，既打破了国家银行对金融业的垄断，又打破了专业银行对金融专业的垄断，这就为金融业开展竞争创造条件，迫使专业银行不得不提高经营水平，实行企业化管理；三是直接信用机构承担着证券市场中初级证券发行市场的职能及代理企事业单位发行、承销有价证券，保持证券的正常发行和流通，保持证券价格的稳定和信用可靠，即保证发行证券者能按期偿还本息。

（三）完善金融组织体系，增加金融有效供给的方法

要鼓励发展更多的金融机构和金融业态，填补空白，增加竞争，改进服务，切实提高小微企业金融服务的可获得性和便利性，降低融资成本。

1. 加强地方法人金融机构建设

要大力发展以小微企业为主要服务对象的地方法人金融机构，优化金融资源区域布局，通过政策激励和考核约束，引导金融机构主动对接小微企业。高度关注民间借贷风险

问题，疏堵结合，给予民间借贷合法身份，使其阳光化、规范化发展，纳入有效监管范围。继续深化农村信用社产权改革，建立现代企业制度，加大农信社在基层的金融支持力度。大力支持在小微企业集中的地区设立村镇银行、贷款公司等小型金融机构。积极探索由民间资本发起设立的民营银行、金融租赁公司和消费金融公司等金融机构，丰富小微企业金融服务机构种类。

2. 重构融资性担保体系

要降低小微企业融资成本，必须重构融资担保体系，把融资性担保公司作为政府扶持小微企业、不以营利为目的的增信机构，缓解小微企业质押品不足的难题。各级政府可结合自身情况，组建省级担保集团，控股或参股各县（市、区）政府性担保公司，提升融资担保的能力。同时，积极探索建立政府主导的省级再担保公司，推动银行与担保机构扩大合作范围，不断提高担保放大倍数。督促和引导政府性担保公司回归公益。

3. 推动中介组织服务小微企业

探索发展专门服务区域性股权市场的小型证券机构，积极发展服务小微企业的评级机构，大力发展财务、法律、管理咨询、营销策划等企业服务类中介组织。鼓励各类中介组织结合小微企业特点，开发保姆式的服务项目，提供价廉物美的咨询服务。政府部门可向中介机构购买服务，为小微企业提供融资策划、法律体检等方面的专业服务，节省小微企业经营成本。

总之，小微企业是经济的基础和活力所在，扶持小微企业的发展是包括政府在内的全社会共同的责任，也是国民经济固本培元之举。

第三节　金融发展与经济增长

一、金融发展促进经济增长的渠道与机制

（一）分散风险有利于推动经济增长

在大数定律的作用下，只要流入的短期资金大于流出的短期资金，就会沉淀一部分长期资金。所以，金融机构可以一方面向储蓄者提供各种短期存款合约，以确保储蓄者的流动性需求；另一方面向企业提供期限较长的信贷资金，以满足项目投资的长期资金需求。

在金融市场，虽然股权是无期限的，债券也有很长的期限，但是，股权和债券的交易可以使投资者的证券资产迅速变现，进而降低投资产生的流动性风险。对于企业而言，股权和债券的交易只是改变证券持有人，不改变企业融资资金的长期属性，不会影响企业投资项目的正常营运。

金融系统还可以有效降低投资风险，进而推动资源配置效率不断提高，促进经济增长。通过恰当的组合方式，金融中介可以推动不同风险程度项目的总体风险进一步降低，从而实现高风险和高效率项目风险的有效分散，促使投资的回报率进一步提高。在金融市场，证券投资者可以组合不同企业、行业和国家的金融产品来规避企业、行业和国别的非系统性风险，甚至可以利用期货、期权等金融衍生工具，来减少各种市场意外冲击对投资收益产生的负面影响。

（二）降低交易成本有利于推动经济增长

在信息不对称的条件下，对于企业而言，如果没有金融系统的支持，虽拥有高效率、高回报的项目，也不可能获得足够的资金。原因是，企业说服分散的资金盈余者的交易成本是极其庞大的，超过项目的预期收益。然而，通过向资金盈余者发放存款合同，向企业提供贷款合同及服务，金融机构可以大大降低融资过程的交易成本，节约社会资源，进而促进经济增长。在事前审查和事后监督方面，金融机构也具有降低交易成本的优势。如果企业直接向分散的资金盈余者融资，因为审查与监督成本极其高昂，资金盈余者将会放弃事前的审查和事后的监督，逆向选择与道德风险问题将泛滥。金融机构的出现，则可以发挥其专业化的审查与监督优势，低成本地实现逆向选择与道德风险的防范。

金融市场方面，证券公司、基金公司也可以凭借其专业化的优势，降低证券发行、组合投资方面的交易成本，节约社会资源，促进经济增长。在发达的金融市场，作为上市公司经营信息的综合反映，投资者直接通过证券价格做出投资决策行为，可以大大减少信息收集成本。此外，金融系统提供了一定的服务功能，如支付和清算系统、交易媒介等。这些功能可以推动产品和服务的交易成本进一步降低，进而促进经济增长。

（三）金融市场的发展有利于推动经济增长

随着金融发展理论的不断深化以及股票市场在各国不断发展，一些学者不再只是研究金融中介与经济增长之间的关系，而是开始对金融市场与经济增长之间的关系进行大量的实证研究。

一般来说，股票市场发展程度较高的国家，其人均的实际 GDP 水平也较高，而且股票市场流动性每增加1个百分点，本国的人均产出就增加0.8个百分点。由此，他们得出结论：股票市场的总体发展和长期经济增长率之间具有很强的相关关系。

按照主流的经济学理论，随着经济的全球化，各国之间的收入差距应该逐步缩小。但现实却是，尽管全球化日益加剧，各国间的收入差距和发展不平衡仍然长期存在。一般的解释是，各国收入的差距是由各国生产率的差距造成的。但有学者却认为，不同国家收入水平及生产率的差异在很大程度上是由各国金融市场的差异造成的。他们通过采用由欧洲开发银行和世界银行发起的包括27个转型国家的商业环境与企业绩效调查的数据进行实证分析后证明，金融约束制约了低收入国家企业的创新能力和出口竞争力，从而影响了该国生产率及收入的增长，并制约了其赶上经济发达的国家。因此，他们实际上认为，是金融的落后导致了低收入国家的经济落后。为此，他们提出，为了提高微观经济的生产率及刺激经济增长，国家应该重点发展和不断完善金融市场，确保绝大多数企业都能方便地获得外部融资，并不断降低外部融资成本，这将有利于使该国企业更好地进行技术创新和扩大出口，从而实现经济的有效增长。

（四）金融中介、金融市场与经济增长之间的关系

在实证研究中，还有一些学者将金融中介与金融市场结合在一起研究整个金融体系与经济增长之间的关系。

1. 股票市场和银行具有不同却又互补的作用

第一，银行发展和股票市场流动性不仅和同时期的经济增长率、资本积累率及生产率增长率有很强的正相关关系，而且都是未来经济增长率、资本积累率和生产率增长率很好的预测指标。这说明银行所提供的金融服务不同于股票市场，两者在经济增长中各自发挥不同的作用，金融中介和金融市场这两者都能从不同的角度促进经济的增长。

第二，股市的流动性（以股票交易额与GDP之比或转手率衡量）与经济增长之间有显著的正相关关系，而股市规模与经济增长之间没有稳定的关系。

第三，股票市场和银行之间具有互补或相互促进的作用，股票市场发达的国家通常金融中介也十分发达。

2. 金融中介对经济增长的促进作用显著

阿诺斯蒂斯、德米特里得斯和纽因特尔将银行体系与股票市场的波动性作为控制变量，并利用时间序列数据及分析方法对5个发达经济体的股票市场与经济增长之间的关系进行了实证分析，结果得出了银行和股票市场都能够有效促进经济增长的结论。但他们又

认为，相比之下，银行对经济增长的促进作用可能更加显著。

3. 金融市场对经济增长的促进作用显著

还有学者从银行与金融市场的运行机制出发，寻找银行与金融市场在融资过程中的信息披露机制上的差异，从而建立银行、金融市场及经济增长之间关系的模型。然后，他们又通过实证检验发现，银行和股票市场都对经济增长具有正向的促进作用，但银行对增长的促进作用不如股票市场那么显著。

总之，许多学者通过实证分析一致认为，金融发达的国家经济增长更快，尤其是拥有大量私营银行以及高流动股市的国家经济发展更快，银行及股票市场都对经济增长有显著的正向促进作用。

（五）金融发展有利于一国扩大出口

第一，一国的金融发展水平与该国的研发支出以及与该国制造业产品占产品总出口的比例之间的关系都是正相关的。

第二，一国的金融发展将增强该国的工业制成品在国际市场上的比较优势并提高其产品的市场份额。

总体而言，在研发过程中投入更多资源的国家，将会提高其工业制成品在产品总出口中的比率，因而会成为工业制成品的净出口国和农产品的净进口国。因此，这些学者提出，一国要扩大出口，就必须在研发活动上增加投入，并且优先进行金融改革以加快金融发展。最后，他们认为，更完善的金融市场和更多的研发投入将有效地推动一国的经济增长。

二、金融发展与经济增长的因果关系

（一）经济增长促进金融发展

经济增长和金融发展之间存在着密切的相互关系。经济增长可以促进金融发展，而金融发展也可以为经济增长提供支持。这两者之间的互动可以通过以下几个方面来解释。

资金支持经济活动：金融机构提供融资服务，使企业和个人能够进行投资和消费，从而推动经济活动和增长。这些资金可以用于扩大生产、创新、技术升级和基础设施建设等。

风险管理：金融市场提供各种工具，如保险和衍生品，帮助企业和个人管理风险。这降低了投资的风险，并鼓励更多的投资，从而促进经济增长。

资源配置效率：一个发达的金融体系能够将资金引导到最具生产力的领域，从而提高资源配置的效率。这意味着更多的资金流向创新和高增长领域，推动整体经济的增长。

技术创新和市场发展：金融创新可以促进技术的发展，例如电子支付、区块链技术等，这些技术改进可以降低交易成本、提高效率，并创造新的市场机会，从而促进经济增长。

吸引外部投资：一个健康的金融体系可以吸引外部投资，推动经济的发展。外部资金的流入可以带来技术转移、就业机会和市场扩大，从而刺激经济增长。

综上所述，经济增长和金融发展是相辅相成的。一个健康、高效的金融体系可以为经济增长提供必要的支持和动力，而经济的持续增长又会进一步促进金融体系的发展。

（二）金融发展与经济增长存在双向因果关系

金融发展和经济增长之间存在着双向因果关系。它们互为因果，相互影响，具体体现在以下几个方面。

金融发展促进经济增长：发展完善的金融体系可以提高资源配置的效率，促进资金流动和投资，从而推动经济的增长。金融发展可以提供更多更便捷的融资渠道，激励企业进行投资扩张、创新和生产活动，促进经济的发展。

经济增长推动金融发展：经济的持续增长可以扩大金融市场规模，增加金融产品和服务的需求。随着经济规模的扩大和财富的增加，人们对金融服务的需求也会增加，促进金融机构的发展和创新，从而推动金融体系的进一步发展。

金融发展提高投资回报率：金融发展可以提高资金的配置效率，降低投资的成本和风险，从而提高投资的回报率。这可以激励更多的资金流向生产性投资和创新活动，推动经济的增长。

经济增长增强金融体系稳健性：经济增长可以增加企业和个人的收入水平，降低债务违约和风险的可能性，增强金融体系的稳健性。稳健的金融体系有利于提高金融市场的信心和流动性，进而促进金融市场的发展。

因此，金融发展和经济增长之间的双向因果关系是一个相互促进、相互加强的过程，在经济和金融政策制定中需要综合考虑它们之间的相互关系。

（三）金融发展与经济增长之间的关系并不确定

金融发展与经济增长之间的关系并不是一成不变的，而是受到多种因素的影响，因此在不同的情况下可能存在不确定性。这种不确定性主要体现在以下几个方面。

阶段性影响：在经济发展的不同阶段，金融发展对经济增长的影响可能会有所不同。例如，在一个发展初期的经济体中，金融发展可能会成为经济增长的推动因素，但随着经济的发展，金融发展对经济增长的促进作用可能会减弱。

政策环境：不同的政策环境对金融发展和经济增长的关系有着重要影响。例如，放松金融监管可能会促进金融创新和发展，但也可能增加金融风险，对经济产生负面影响。因此，政府的政策取向和干预程度都会影响金融发展与经济增长的关系。

金融市场结构：不同国家和地区的金融市场结构各异，包括金融机构类型、金融产品种类、金融市场规模等。这些因素会影响金融发展对经济增长的传导机制和效果。

外部冲击：国际金融市场的波动、全球经济的不确定性以及地缘政治事件等外部因素都可能对金融发展和经济增长产生影响，增加了金融发展与经济增长之间的不确定性。

综上所述，金融发展与经济增长之间的关系的确存在不确定性，需要考虑多种因素的综合影响。在实践中，需要根据具体情况制定相应的政策措施，以促进金融发展和实现可持续的经济增长。

（四）金融发展可能对真实经济活动带来不利影响

金融发展可能对真实经济活动带来不利影响的情况并非不存在，这种情况通常被称为“金融化”。金融化指的是金融部门在整个经济中的比重增加，以及金融市场和金融机构对实体经济活动的影响增强。

以下是金融化可能对真实经济活动造成不利影响的一些情况。

金融泡沫和风险扩大：过度的金融发展可能导致金融市场出现泡沫，并使金融风险不断积累。当金融市场泡沫破裂时，会导致金融危机，进而影响实体经济的稳定和增长。

金融投机和资产价格波动：过度金融化可能导致大量资金流向金融市场投机活动，而不是用于生产性投资。这可能导致资产价格的剧烈波动，使经济受到不稳定的影响。

金融机构行为失控：金融发展过度可能导致金融机构追求短期利润最大化，从而忽视了对真实经济活动的支持和服务。这可能导致金融机构的行为失控，增加了金融体系的不稳定性。

金融创新的负面影响：虽然金融创新可以促进金融发展，但某些金融创新也可能带来负面影响。例如，某些复杂的金融产品可能会增加金融市场的不透明度和风险，从而对实体经济造成不利影响。

资源错配和效率降低：过度金融化可能导致资源错配，使资金过多流向金融部门而忽视了实体经济的需求。这会降低资源配置的效率，影响经济的长期增长。

因此，尽管金融发展对经济增长有积极的影响，但也需要警惕金融化可能带来的负面影响，因此要加强监管和制度建设，以确保金融发展与真实经济活动之间的良性互动。

三、应更深入地研究金融发展与经济增长间的关系

深入研究金融发展与经济增长之间的关系对于更好地理解经济的运行机制、优化金融政策以及实现可持续的经济增长至关重要。

这种研究可能涉及以下几个方面。

机制研究：研究金融发展如何影响经济增长的机制。这包括探讨资金流动、资源配置效率、创新激励等方面的作用机制。

区域差异研究：研究不同地区或国家的金融发展与经济增长之间的关系，以了解不同环境下金融发展对经济增长的影响程度和方式。

时间序列分析：分析长期时间序列数据，以了解金融发展和经济增长之间的长期关系。这可以帮助确定宏观经济政策的方向和长期影响。

因果关系研究：进一步探讨金融发展和经济增长之间的因果关系。这可能需要使用因果推断方法或者利用自然实验设计来研究它们之间的因果联系。

政策效果评估：评估不同金融政策对经济增长的影响，以确定哪些政策可以更好地促进经济增长，哪些可能会带来负面效果。

风险管理和稳定性研究：研究金融发展对经济稳定性和风险管理的影响，以避免金融发展带来的负面影响，如金融危机和系统性风险。

通过深入研究金融发展与经济增长之间的关系，可以为政策制定者提供更有效的建议，促进经济的可持续增长和金融体系的稳健发展。

第二章　金融创新发展的机制与环境

第一节　有效金融创新的内涵与决定因素

一、有效金融创新的内涵

（一）创新与金融创新

这里的“创新”不是指科学技术上的发明创造，而是指把已经发明的科学技术引入企业之中，形成一种新的生产能力。具体地讲，创新具有以下五个方面的内容：①引进一种新产品，或提供一种产品的新质量；②采用一种新的技术、新的生产方法；③开辟一个新的市场；④获得一种原材料新的供给来源；⑤实行一种新的企业组织形式。这里尤其值得注意的是，发明并不等于创新，发明者并不等于创新者。只有敢于冒风险把一种新发明引入经济组织中的人才是创新者。正是基于这一点，才说“创新”是一个经济范畴而非技术范畴。

宏观层面的金融创新具有时间长、空间广的特点，就金融研究尤其是本人能力而言，实为可望而不可即。一方面，从各个金融创新定义来看，金融创新不应局限于一种或几种金融工具的开发与使用；另一方面，微观层面的范围过于狭窄，不利于研究。因此，本章采用中观层面的金融创新作为研究对象。

（二）有效金融创新的内涵

金融创新的概念大多来自熊彼特的创新概念，但是金融创新与一般产业领域的创新相比，有着自身的特点，这些特点为研究、评价、生成和发展有效金融创新提供了基础。

首先，金融创新与技术创新具有极为密切的关系。早在 19 世纪，马克思就曾经指出，只有金融创新，才能筹集到当时铁路建设所需要的巨额资金，这种金融创新，就是股份公司的出现，或者说是证券业的发展。没有股份公司和证券业的发展，也不可能出现机器大工业，因为机器工厂的建立同样需要巨额资金，而这些巨额资金是个别资本家难以提供的。熊彼特也认为，技术创新需要相应的金融创新的支持，在项目确定之后，获取“新组合”所必需的资金，是技术创新的关键所在。技术创新为金融创新提供利润空间，而金融创新为技术创新提供资金支持，技术创新所需要的巨额资金，始终是金融创新的结果。因此，实物资产对于金融资产具有基础地位，经济发展是考察金融创新问题的基本视角。

其次，金融是高风险行业，金融创新尤其是金融衍生工具创新在极大推动了金融业发展的同时，也可能产生巨大的金融风险，特别是金融衍生产品交易，具有复杂性、集中性、突发性，一旦形成风险，由于杠杆作用，风险会迅速呈几何级数放大，除了造成金融部门的巨额损失外，同时会引发连锁反应，在很短的时间内就波及其他企业和行业，最终造成整个社会的恐慌和动荡。因此，在我国国内正迎来金融衍生品市场快速扩容期的背景下，法律先行及政策的前瞻性十分重要。另外，金融试验无法在受控环境下重复进行，具有风险的金融创新试验需谨慎对待。

最后，某些行业尤其是科技行业的创新更具有创造新需求的能力，比如电子计算机、有线电视、移动电话等发明，因而在这些行业采用“蓝海”战略更为有效；而金融创新对既有需求的依赖程度较强，因此，在创建和发展有效金融创新之时，考虑市场需求至关重要。

尽管金融创新目前还没有普遍接受的定义，但是从意识层面上看，金融创新既包括原创性创新，即从无到有的创新，也包括引进性创新，即对已有的新的金融事物的应用与借鉴。从这一意义上来说，我国的金融创新无论已经出现的还是即将进行的都将以引进性创新为主。所以，在中国金融创新的过程中，外国先进的金融体制制度、金融市场、金融业务与工具、金融技术与中国经济发展相适应的本土化是一个十分重要的方面，而且金融创新过程既包括发明创造也包括扩散过程。

有效的金融创新必须是成功的创新，其重要性越强，有效性就越高。从功能视角考察，每项金融创新必然有其背后动因，必然行使某一项或某几项功能，因此，有效金融创新的内涵是指能够实现自身动因目标和相应功能的金融创新，并且金融创新是否有效会受到经济环境的制约。

二、金融创新有效性的决定因素

（一）金融创新有效性的内在决定因素——动因与功能

金融创新的动因与功能是该项创新的内在决定因素。如果一项金融创新的发明或者引进仅仅是对现存金融产品名称的改变，那就显然内在不具备有效性。动因与功能之间是相互交叉的，一般而言，金融创新所实现的功能与动因是相同的，但是，某些金融创新在实现自身动因目标之后，仍会因具备其他功能而继续存在，某些金融创新在实现自身目标时，同时也具备其他功能。

（二）金融创新有效性的外在决定因素——创新环境

1. 金融创新环境的内涵

对金融创新环境内涵的把握，首先应正确划分金融创新环境与金融创新系统的界限，不同层次的金融创新系统涉及的范围不同，因而其所处的环境也不相同。相对来说，自然系统与环境之间的界限较社会系统要明确得多，金融创新活动既是一种自然过程，也是一种社会过程，金融创新系统本身与环境的界限相对较为模糊。高一层的金融创新系统内的要素，可能构成低一层次的金融创新系统的环境，因此，系统内外的信息与物质交流更加频繁。当然，这并不意味着金融创新系统与环境之间是无界限的混乱关系，界限总是存在的。划分金融创新系统与环境的基本原则是，凡是金融创新系统内的要素供给系统和对创新系统发生间接影响的系统均属于环境，有些创新要素既可以从外部得到，又可由系统自己产生。

金融创新环境是金融创新得以进行的外部条件，也是金融创新有效性的外在决定因素，主要包括金融环境、经济环境与政治文化环境。金融环境是影响金融创新的直接因素，经济环境和政治文化环境都是通过金融环境间接发挥作用。显然，金融环境是经济环境的一个方面，金融环境包含在经济环境之中，政治文化环境对经济环境与金融环境有重大影响。

金融环境是指金融创新所面临的一国的金融制度。金融制度是一个国家用法律形式所确立的金融体系结构以及组成这一体系的各类银行及非银行金融机构的职责分工和相互联系。金融制度是在长期发展中逐渐形成的，由于每个国家的政治、经济、历史和文化等方面不尽相同，所以金融制度种类繁多，呈现出各自的特点。金融制度的不同类型决定着金融创新的发明、扩散呈现出不同的表现形式。

经济环境的核心内容是一国的经济体制。迄今为止，世界上绝大多数国家都走上了市场经济的发展道路。从市场经济发展的具体情况来看，存在着两种类型的市场经济体制国家：一类是成熟的市场经济体制国家，包括西欧、北美诸国和日本、澳大利亚等国；另一类是向市场经济体制转轨的国家，包括中国、越南、蒙古国等国。

政治文化环境是影响金融创新最为间接的因素，包括一个国家的政治体制、法律制度、文化传统等。一个国家在一定历史时期实行某种社会经济制度是历史的选择，不同的社会经济制度下，金融创新要素的运动规律不同，因而金融创新的速度也不同，动力机制也各异。市场经济是建立在信誉与法律约束基础上的有序经济，竞争与生产要素自由流动是它的最基本特征，也是有效金融创新最主要的条件。

2. 合意的金融创新环境

金融创新环境愈是合意，在这一环境中发明和扩散的金融创新就愈是有效。西方发达国家的市场经济具有较高生产发展水平的现代市场经济体制和运行机制，对于金融创新而言，是较为合意的，也正因如此，其金融创新有效性较高。

（1）科学技术与生产力发展

首先，生产力水平高度发达表现在发达国家以国内生产总值和人均国民生产总值反映的社会财富巨大。与新兴工业化国家、发展中国家和转型经济国家相比，发达国家的国内生产总值和人均国内生产总值都要高出许多。

其次，发达国家的国民经济结构日趋先进。这主要表现为在国民经济结构中非物质生产部门的比重上升和新兴产业在经济增长中的作用增大。发达国家的产业结构先进化不仅表现在经济结构中物质生产部门所占比重下降，非物质生产部门所占比重提高，而且还表现在一些新兴部门对经济增长带来的贡献。第二次世界大战后新技术的涌现，引起诸如电子计算机、原子能、空间技术、化学合成材料等新兴工业部门的建立和发展，而原来一些传统的工业如钢铁、汽车、纺织业等则成为“夕阳工业”。在建立和发展新兴产业的同时，发达国家逐渐将这些“夕阳工业”向发展中国家转移。进入20世纪90年代以来，以信息技术为中心的科技革命正在蓬勃发展，信息产业已开始成为发达国家新的经济增长点。

最后，生产社会化程度较高。科学技术和生产力的发展，既改善了国民经济结构，也推动了社会分工向纵深发展，提高了生产的社会化程度。而当今发达国家的生产社会化，不仅在其国内程度进一步提高，而且走向整个世界。

（2）健全的市场经济运行机制

发达国家市场经济模式呈现多元化的特征，不管是哪一种市场经济模式，都是以市场机制为主导的经济运行机制，呈现出以下几个共同特征。

首先，市场机制和市场体系比较健全。市场机制主要包括供求、价格和竞争机制等。在发达国家中，市场机制犹如“看不见的手”对自然、人力和技术等资源进行配置，对整个经济运行过程发挥着根本性的作用。

其次，市场主体明确。在发达国家中，各自利益独立、产权明晰、自主经营的法人实体成为市场主体。作为市场主体，企业具有决策自由权、经营自主权、盈亏自负性和竞争平等性，各个企业一律面向市场，在机会均等和公平竞争的条件下，实行优胜劣汰。

最后，市场机制运行的监督体系较为完善。发达国家根据市场体系和各国的实际情况，均制定相应的市场运作规则，建立经济立法和监督体系，并运用有关的法律和法规，利用有效的经济监管手段维护市场经济的正常运行，保证市场的公平竞争，保护消费者的权益。

(3) 国家宏观调控功能日趋完善

发达国家在运用市场机制作为经济运行机制的同时，常常把国家的宏观调控作为弥补市场缺陷的政策工具。发达国家通常采用财政、税收、金融、信贷等间接调控手段进行宏观调控。其目标就是促进经济增长、稳定物价、充分就业和对外经济均衡。社会保障体系是发达国家所有调控体系中的一个重要组成部分，是使发达国家市场经济运行的重要保障。

(4) 经济日趋国际化

发达国家经济的国际化首先表现在市场的国际化上，发达国家的外贸依存度都比较高，其对外贸易总额在世界贸易总额中占很大的比重。从要素市场看，金融市场的国际化主要表现为实行金融自由化，各种形式的资本在发达国家基本实现了自由流动，国际金融业超越传统贸易融资范围。从生产一体化看，跨国公司作为世界经济走向一体化的微观主体，主要产生于发达国家，因此跨国公司对外投资大都来自发达国家。与经济高度国际化相适应的是，发达国家经济宏观调控的国际化。发达国家为了达到其经济内外平衡的目的，需要对其国际经济活动制定相应的政策，进行调控和干预，例如，汇率制度的选择、外汇管制、外贸管制等。由于这些调控和干预存在外部效应，它往往要求各国之间互相协调，并通过国际协议、国际会议或国际组织进行解决。

第二节 金融创新发展的制度环境

金融创新的发展需要一个有利的制度环境，以促进金融市场的健康发展、降低金融风险，并为经济增长提供支持。以下是金融创新发展所需要的制度环境的一些关键方面。

一、法律与监管框架

强有力的法律和监管框架是金融创新发展的基础。它们可以确保金融市场的透明度、公平竞争和投资者保护，从而提高金融创新的可持续性和信誉度。

二、市场竞争与准入条件

开放的市场竞争和容易进入的准入条件可以鼓励金融机构进行创新。如果市场准入条件过于严格或存在垄断情况，可能会抑制金融创新的发展。

三、信息披露与透明度

充分的信息披露和市场透明度可以提高金融市场的有效性和稳定性，为金融创新提供更好的基础。投资者和市场参与者能够更准确地评估风险和回报，从而促进金融创新的发展。

四、知识产权保护

保护知识产权是激励金融机构进行创新的重要条件。金融产品和服务的创新需要投入大量的研发成本，如果没有相应的知识产权保护，可能会降低金融机构进行创新的积极性。

五、金融教育与人才培养

健全的金融教育体系和人才培养机制是金融创新发展的基础。培养具有创新意识和专业技能的金融人才，可以促进金融创新的不断推进和完善。

六、风险管理与监控机制

建立有效的风险管理和监控机制可以降低金融创新带来的潜在风险，保护金融市场的稳定性和投资者的利益。

总的来说，一个有利的制度环境可以为金融创新的发展提供支持和保障，促进金融市场的健康发展和经济的可持续增长。因此，政府和监管机构应该致力于建立健全的制度框架，以促进金融创新的发展。

第三节　金融创新的科学运行机制

一、金融创新要素的整合

（一）金融创新要素的内涵及构成

金融创新是一个多要素的整合过程，这些要素又构成了金融创新活动的资源。像实物产品开发和技术创新一样，金融创新也离不开创新资源的投入。没有创新资源做物质基础并将其有机结合起来，潜在的创新机会和巧妙的创新构思只能是空中楼阁，更谈不上利用创新工具去创新价值。因此，认识金融创新资源对于管理创新活动至关重要。在一个成功的金融创新活动中，创新要素是广泛而多样的，总体而言，主要由人力资源、信息资源和技术资源三部分构成。

1. 金融创新活动中的人力资源

金融由简单到复杂的创新形式是个历史范畴。早期传统金融创新活动由于所处的环境相对简单，需要解决的问题也相对单一，因而创新活动往往由单个人来承担，新型金融工具常常是个人活动的产物。当代金融环境的复杂性、多变性使要解决的金融问题更加多样化和复杂化，从而导致金融创新的结构日趋复杂。同早期的创新活动相比，当今金融创新活动需要多方面的专业知识、技能和经验，这已远远超过了单个人所能掌握和拥有的能力。但是，应当着重强调的是，在金融创新活动中，金融工程师发挥着积极的主导作用。金融工程师作为运用金融技术解决金融问题的专家，一般是经过专业理论和技能训练并经过市场锤炼的能手。知识结构和经验积累是现代金融工程师必备的两大要素。正因为金融工程师的特殊素质使得他们在金融创新活动中居于主导地位。一名胜任的金融工程师除了理论素养外，还应具备广泛的专业技能，至少经验积累和创新思维的产生更具广泛性，也许用“实践出真知”来表达更贴切。

2. 金融创新活动中的信息资源

如果将金融创新视为一个开放的动态系统，其过程必然存在大量获取、交换和处理的信息。掌握创新技术的金融创新人员正是依赖这些信息资源进行创新活动，并最终将信息资源体现在所设计的金融工具上。也就是说，信息既连接技术资源和人力资源，是创新活动的纽带，又是创新活动的出发点和落脚点，贯穿金融创新活动的全过程。

金融创新活动中的信息资源按来源划分，主要有三类。一是存在于创新环境中的外生信息。二是产生于创新活动中的内生信息，信息在金融创新活动各环节间的迅速传递是内生信息最重要的特征。三是广泛存在于创新活动中的管理信息，主要指在外生信息的获取和内生信息的交换中，对这些信息进行筛选、加工和处理后释放出来的对金融创新活动施以指导和影响的信息资源。信息资源不仅是金融创新活动的前提，也是其成功的保证。从不同的来源去认识信息资源，将有助于提高信息质量。信息质量的优劣直接关系到金融创新活动的成败以及金融创新功能的实现。所以在金融创新过程中，以最低廉的成本广泛捕捉和充分占有信息，以更便捷的形式及时准确地传递信息，以极严格的手段筛选加工处理信息是金融创新者首先应当考虑的问题。

3. 金融创新活动中的技术资源

金融创新离不开一定技术手段的支持，应具备的知识体系也是十分庞大的。金融工程学科的创立将上述知识进行了系统化。从目前十余部金融工程著作来看，虽有人做了雄心勃勃的努力，但究竟如何设计、开发和创新金融工具还未有人提出全面而又系统的阐述，这也许从一个侧面反映出金融创新具有技术性和艺术性兼容的特征。同时也告诉我们，除金融工程是创新活动最主要的技术资源外，技巧和诀窍在创新实践中的作用也不能忽视。无形的实际技能也是金融创新活动的重要资源。当然这种实际技能具有很强的柔性特点，会因时因地发生变化，并且在更多的时候掌握在训练有素的金融工程师手中，难以传授。这正是为什么在讨论金融创新资源时要着重讨论人力资源，特别是金融工程师在创新活动中的主导作用。

金融创新活动的要素，从总体上讲是由人力资源、信息资源和技术资源构成的。其中人力资源则是以现代金融工程师为骨干的创新人员；信息资源主要有外生信息、内生信息和管理信息三个主要部分；技术资源不仅包括通信、计算机软硬件在内的信息技术以及金融工程技术，而且还包括一定的技巧和实践经验。应当说，在金融创新活动中人力是主导，信息是纽带，技术是支持，管理是保证。

（二）金融创新要素的整合机理

广泛而又多样的创新资源在金融创新活动中仅仅是必要条件，只有将创新资源为了一定创新目标而有机地结合起来时，金融创新活动才能启动运行，从本质上讲，金融创新活动就是创新资源的整合过程。

按照系统论的观点，整合是一个系统，为实现系统目标将若干部分、要素联系在一起使之成为一个整体的、动态有序的行动过程。过程和状态是它的基本含义，经济学研究最初运用整合概念是用来表达水平和垂直两个方向上的企业组织调整。借助于这个视角，过程意义的整合可视为一种“水平整合”，整合在这里是一种手段，而状态意义上的整合可视为“垂直整合”，整合在这里是一个目的。从这个基点出发，金融创新资源整合可定义为：在金融创新活动中，创新资源通过相互支持、相互结合的手段共同发挥作用，以实现创新目标的动态过程。

如果用系统论的观点审视这个定义，那么金融创新资源整合是一个开放的动态系统。人力、信息和技术可称为“整合三基元”。整合三基元在整合过程中的联合作用以及它们在整合过程中表现出的整体与本质特征可以用 HIT 表示。之所以如此定义金融创新资源整合，首先在于 HIT 整合准确地刻画出金融创新资源整合机制的特征；其次在于它有助于科学地认识金融创新活动和创新过程的规律性，这一点也许更具实际意义。在这个定义传达出的诸多信息中，其中三个我们尤感兴趣：第一，HIT 整合首先是一个动态过程；第二，HIT 整合是一项有目的的活动；第三，在各项资源积极有效地发挥作用的前提下，HIT 整合是创新活动的充分条件。

从整体上看，HIT 整合中金融创新资源既有独立性也有相关性。在假设信息是充分有效的、创新者能力是足够的以及技术手段是成熟的这个前提下，各创新资源应能独立发挥各自的作用。信息资源、人力资源和技术资源在 HIT 整合中是相对独立的。不难看出，缺乏技术手段的支持，创新者都无法及时准确地获取和处理信息。无论作为委托人还是代理人，缺少足够有效的信息，创新者无法辩识面临的金融环境、发现金融问题和金融机会，当然也谈不上运用金融技术、开发新型金融工具或手段创新性地解决金融问题。同样，创新人员只有在掌握必要的金融技术基础上，大量有效地获取、处理、传输和释放信息，HIT 整合才能启动与运行。在 HIT 的整合中，人力、信息、技术三者构成一个闭环的双向因果链。每一个节点或链条的破坏，都会造成 HIT 整合的失衡和不和谐，HIT 整合则难以为继。只有当创新资源客观地存在，且仅当创新资源有机地联系起来共同发挥作用时，HIT 整合才能成为现实。从本质上讲，创新资源整合与创新活动是等价的，即 HIT 整合等同于创新活动。HIT 的整合启动与运行意味着金融创新活动的开始和持续，其特征也应被视为金融创新活动的特征。这样，创新活动中复杂的因素和关系通过 HIT 整合的讨论得以归并和概括。同时，这种概括又为认识金融创新活动和过程提供了一个总体的思路。

从水平整合的角度看，金融创新资源整合构成一个动态的有序化过程。在 HIT 整合过程中，金融创新资源并非机械地结合或合并，它首先是一个复杂的动态过程。这种动态性表现为信息作为随时间变化的因素引导 HIT 整合在形态、结构、功能与特性等方面做适当的调整。作为一个开放系统，HIT 整合形态随不同时点的信息变化而变换，并持续不断地在信息变化中改变 HIT 整合的内容结构、功能与特性。在金融创新活动过程中，HIT 整合是持续不断的动态组织过程。信息参数的复杂性、时变性导致 HIT 整合形态的多样性，从而增加了认识金融创新过程中的难度。金融创新资源整合作为一个有序化过程，除了具有动态特性外，还表现出有序化的特征。有序化是指 HIT 整合的结构、功能、层次呈现相对阶段性的动态演化过程。也就是说，HIT 整合具有方向性和阶段性。就方向性而言，HIT 整合是诸多相互作用的金融创新资源有机结合构成的综合体，而不是混沌无序的集合，其结构上的动态演化是有方向性、逐步的。当然也应该看到，在一个时变的动态整合中，阶段性是相对的。有序的阶段性不仅不是一成不变的模式，反而在更多的情况下随信息的改变而出现阶段性跳跃。也许这也从一个侧面反映出任何创造性过程都具有的“随机应变”属性，即既存在相对固定的模式，又不绝对服从或拘泥于僵化的程式。这一点对于认识金融创新资源整合，进而认识金融创新活动和创新过程有很大的帮助。

从垂直整合的角度看，金融创新资源整合又反映出一些新特点。这些特点主要表现在两个方面：首先是 HIT 整合形式的多样性以及 HIT 整合的终结形态集中体现在具体的金融工具形式；其次是 HIT 整合逐步向金融创新目标逼近将 HIT 整合终极结果落实到金融创新目标。在 HIT 整合的有序化考察中，HIT 整合呈现出相对的阶段性特征。若从垂直方向考察，这种阶段性则表现为不同的整合形态。而不同的整合形态则代表了创新资源的具体组合结构。从理论上讲，HIT 整合是个动态过程，那么金融创新资源的动态组合或匹配将产生无数种时变的整合形态。当一项金融创新设计结束时，HIT 整合将以某种特定的终结形态出现，并体现在具体的金融工具上。金融创新资源整合只是创新活动的手段，其真正目的在于实现创新活动的目标。HIT 整合作用于一个由人参与的开放动态系统，自然应当有其明确的系统目标，基于创新者一定的创新意图和理性行为的系统目标是 HIT 整合活动的核心。

作为原动力，系统目标在统一、凝聚创新资源的整合过程中逐步趋近创新目标，并在这个过程中使创新资源表现出功能趋向，即在目标指向上的一致性。金融创新资源在动态整合过程中，虽然具有独立性和相关性，但在整个过程中始终追求同一目标。从这个意义上说，金融创新资源也具有同质性，HIT 整合的目的性是创新活动的最本质特征。当我们说金融创新目标是创新资源在整合过程中逐步实现时，并不意味着逐步实现创新目标是个漫长的过程，恰恰相反，快速高效地进行 HIT 整合以实现金融创新目标是创新过程的基本要求。实践中许多金融创新活动的失败也来源于 HIT 整合的低效率。

综上所述，人力、技术和信息是金融创新的三大资源要素。在信息的融合作用下，金融创新资源有机地结合构成了创新资源整合过程。金融创新资源整合的动态有序的过程，目的是实现既定创新目标。实际上，金融创新资源整合就是创新活动和创新过程的概括。因而，金融创新整合机理从本质上刻画了金融创新活动和过程的实质内容和基本特征，从不同角度讨论金融创新资源整合的特征，加深了对金融创新资源整合机理的认识，从而能够勾勒出整合机理的基本理论框架，为探讨和把握金融创新活动和创新过程的特点、方法、步骤奠定了理论基础。

（三）金融创新目标的选择

金融创新是一项费用高昂的商业活动，它既具有技术属性又具有经济属性。要完成一项创新任务，在整个创新过程中需要投入大量的人力、物力和财力，需要创新资源的有效供给。金融创新活动的不确定性和高风险的严酷现实向创新者提出了新的管理要求。显然，金融创新活动绝不能脱离目标而自发地进行。

没有目标的系统发展就如同远航的船只没有目的港一般。就金融创新资源整合的动态系统来说，不在事前制定明确的目标方案，其后果不仅是偏离航线，更是一场灾难、一项巨额的经济损失。因此，在金融创新资源整合伊始便确立其系统目标是整合策略的首要任务。由于创新活动是创新资源整合的表现形式，所以首先讨论创新活动的某些特征是有必要的。就任何创新活动而言，其目标的确立主要是基于创新主体的使命。创新主体所处的行业及其活动领域不仅决定了创新主体的使命，而且也决定了创新主体所面临问题的来源与性质。这些情形的存在导致了多种多样的创新动机和目标。从理性的金融创新活动来看，不论创新主体是政府还是金融机构，在动机与目标上存在很大的差异，即使是在金融机构内部，商业银行、投资银行也在动机与目标上存在不同。其中的道理很简单，需求引发动机，需求不同则动机与目标也不同。这种多样性往往迷惑创新主体目标的确定。然而，假如我们将金融市场参与者进行分类，则可发现其无非是投资者、筹资者和金融风险管理者三大类型。无论他们采用哪种金融工具通过金融市场进行金融资产交易活动，作为遵循“最大化”行为准则的“经济人”，他们所追求的目标只是投资利润最大化、筹资成本最小化和风险管理效用最佳化。从另一个方面看，作为创新主体，设计和推出能满足上述需要的新型工具是创新者的动机和目标。如果将上述三项目标归结为一种表达形式，这些目标则完全可以看作创新者通过创新活动而产生的“创造价值”。

金融创新资源整合是一个系统，要使这一系统的发展既有明确目标，又能运行良好，就需要制定相应的整合策略。金融创新资源整合策略的功能在于使金融创新所反映的活动处于有管理的运行之中，因此，整合策略的主要任务就是针对具体问题，制定系统发展的明确目标。

二、金融创新的扩散

（一）金融创新扩散的静态分析

金融创新扩散与自然界物质的扩散有很多类似之处，扩散需要有条件和动力。对于金融创新来说，扩散的条件是该项创新能满足用户的需求并能为金融机构带来利润。系统内的动力来自银行系统内部的竞争压力，而系统外的动力来自国家的经济金融政策。可以对金融创新扩散下如下定义：金融创新扩散是金融创新产品在一定环境和动因作用下，通过一定的媒介在潜在使用者之间传播采用的过程。

金融创新供给主体、需求主体以及扩散的动因、媒介、环境共同构成金融创新扩散静态模式的五大要素。金融创新扩散系统各个要素之间是一个相互依存的系统。最终用户对金融创新产品的需求是启动该系统的原始动力，供给主体与需求主体在竞争环境中求生存和发展是该系统运作的直接动因，而扩散媒介和扩散环境构成该系统运作的外在约束力量。金融工程师创造金融产品的过程或国外金融创新产品引入的过程位于该系统的最初阶段，生产了该扩散系统的扩散物质。

金融创新的供给主体是该扩散系统的扩散源。一般来说，充当供给主体的金融机构是规模大、信誉好的商业银行。它们一般位于经济发达地区，具有金融设施齐全、设备先进、资金雄厚、市场广阔等适合金融创新的硬件环境。这些大商业银行不仅硬件设施良好，而且也有一流的软件环境。它们大都有技术开发部，有一支既懂理论知识，又有实践经验的业务开发队伍，这些人员中有些能被称为金融工程师。在广泛调查市场的基础上，要么金融工程师独立地进行产品开发，要么吸收消化国外创新成果。不管是采用哪种形式，只要拥有可以被扩散的金融创新产品，它们就构成供给主体。金融创新需求主体的构成范围比供给主体的范围要广，不论金融机构的规模大小，只要有能力进行某项金融创新产品的交易，它们都会成为该项创新的潜在使用者，不过要真正成为使用者，还需进行市场与自身承受能力的可行性研究。金融创新需求主体有的不具备进行金融创新产品开发的软硬件环境，即自身没有开发能力；有的则没有获得必要的市场信息，因而在开发某项创新产品方面滞后。因此金融创新需求主体就是指这样一些金融机构，它们不拥有某项金融创新产品，但具有进行该项产品运作的环境。

金融创新扩散的动因可从供给与需求两方面来考虑。从供给方面看，一项金融创新能否被扩散，首先与它带来的直接净收益有关。如果一项金融创新能够使其应用者获得巨大的经济效益，则这项金融创新就会有更多的潜在使用者，创新主体往往首先将其保密，尽可能垄断使用。从需求方面看，金融机构对金融创新产品的需求可分为被动性需求和主动性需求。被动性需求是指迫于竞争的压力和政策管制的约束，金融机构会努力寻求金融创新以使自身在竞争中处于不败地位，从某种意义上说是在为生存而创新。而主动性需求是金融机构为拓展自己的业务，深挖市场潜力，使自身在竞争中不断发展而对金融创新产品的需求，这是一种带有进攻性的需求，同时也是竞争市场充满活力的必要因素。因此，供给主体的推力与需求主体的拉力共同构成该系统运作的直接动因。

金融创新扩散媒介是金融创新产品从供给者手中流向需求者手中的载体，这些载体包括公众传播媒体、金融中介服务机构以及金融市场等。公众传播媒体是指直接面向社会传递信息的渠道，包括广播、电视、报刊、公告以及信息交换网等。这类扩散媒介扩散面广、传播速度快。金融中介服务机构与金融市场是创新产品传播的主要途径，金融机构可在金融市场上或通过金融中介服务机构获取有关金融创新产品的具体信息，便于供需主体进行扩散的可行性研究。

金融创新扩散环境是扩散得以进行的外部条件，主要包括法律环境、市场机制环境和金融环境。金融衍生产品交易是零和博弈，其中一方的盈利就是另一方的损失，风险极高，如果没有健全的经济法规作保障，不用说扩散，就是生存也存在问题。一般说来，一国经济法规越是健全，就越能保证创新产品平稳顺利扩散；如果一国经济法规滞后，金融创新的扩散有时甚至会危及金融系统乃至整个国民经济的安全。市场机制完善与否直接影响金融创新扩散的产生及速度。在市场经济体制下，利率的市场化、汇率的浮动化增加了金融资产的风险，金融机构需要金融创新产品来进行资产负债管理，同时完善的市场机制也使金融机构之间信息交流加快，这样，市场机制越完善，金融创新扩散速度也就越快。一国金融自由化程度也是影响金融创新扩散的重要因素，总的说来，金融管制严的国家，金融创新扩散较慢，反之金融自由化程度较高的国家，金融创新扩散快。

（二）金融创新扩散的动态分析

金融创新是在现代科技迅猛发展，特别是微电子技术的发展和广泛运用，与世界范围内的金融管制放松的基础上产生的。金融创新扩散不仅依赖以上两个条件，而且还受到多种因素的约束。首先是市场环境的约束，一定的金融创新产品需要有特定的运作环境，如果运作环境不健全，金融创新扩散要么会危及金融体系的稳定，要么运作市场是无效率的；其次是扩散成本的约束，扩散过程无论对供给方还是需求方都是存在成本的，这些供需主体都会进行收益成本分析，从而对是否扩散以及扩散的方式作出决策；最后是受到信息不对称及时滞的约束，供需双方的信息不对称会导致扩散机制受挫，时滞可分为识别时滞、决策时滞以及行动时滞，这些都延缓了扩散的速度。

由于金融创新扩散是扩散创新产品的一个过程，在扩散中必然会受到相关要素的影响，在这些要素的不同作用影响下，不同金融创新产品的扩散表现出不同的特点。然而，金融创新扩散过程中蕴藏着自身的内在规律，各类要素之间有着必然的某种联系及相互作用方式。我们将金融创新扩散过程中所涉及各要素间的联系方式以及它们之间所遵循的特定规则的总和称为金融创新扩散机制。从这种意义上来说，金融创新扩散是一个动态过程，它包括供需双方通过媒介进行不断的信息沟通与反馈，对金融创新产品的收益成本比较分析以及扩散时机、方式的选择，当然整个扩散过程也是一个从供给主体出发不断创新与扩散最终到达需求主体的反馈系统，在反馈过程中，供需双方没有绝对的界限。因此金融创新扩散的动态过程就是供需主体通过媒介进行信息传递与反馈，在掌握了金融创新产品特征的基础上进行收益成本分析，最终选择合适的扩散时机及方式实施扩散的过程。

对于金融创新供给主体来说，当它成功地实现了一项创新后，有了较强的竞争优势，甚至可能具有很强的垄断力量。如果这种竞争优势带来的收益大于维持该竞争优势带来的成本，供给主体将不扩散其创新成果；反之，则将此扩散。

从金融创新扩散的整个过程看，通常存在两种性质的需求主体，一种是作为最终用户的需求主体，另一种是作为中间用户的需求主体。后一种需求主体的存在使得金融创新扩散成为一个多级传递的扩散链。

在扩散链中，中间采用者在向外扩散创新产品时，有时不是将其所接受的创新成果完全照搬扩散，而是对所接受的创新成果部分改进后再向外扩散。一般地，扩散链的长短，即采用者的多少主要取决于采用者吸纳创新产品中可能获取总效用的大小。当采用者从金融创新产品中获得的效用等于总成本，理论上将不再有新的采用者出现。

金融创新扩散时机的选择是供给主体根据金融创新产品所处周期的不同阶段对其进行效益评价后确定其转让时间，同时要考虑一些创新产品的不可保密性。扩散方式是金融创新的供给主体向需求主体提供创新成果的具体组织实施方法和程序。

第四节　提高我国金融创新的有效性

一、我国金融创新内外因素的变化

（一）商业银行金融创新自主性有所增强

商业银行金融创新的自主性有所增强，并非意味着其他种类金融机构的金融创新自主性没有提高，而是因为在我国目前的金融体系中，商业银行的规模最大，因此商业银行的金融创新最具代表性，同时其表现也最为突出。

我国商业银行在发明和引进金融创新的过程中，在完善原有存款负债业务的基础上，不断推出自己独特的创新品牌，金融创新的动因和功能地位日益突出。商业银行金融创新自主性的增强，标志着长期以来政府主导型金融创新局面已然向金融企业主导型创新局面过渡。作为创新主体的金融企业，其创新自主性是有效金融创新的根本保证，从这一角度来说，提高我国金融创新有效性存在广阔空间。

（二）金融混业经营趋势有所明朗

严格的分业经营管制不仅不利于金融资源的有效配置，反而还会限制金融企业的创新活力。随着监管部门开始谨慎地放松严格的分业经营管制，我们已经看到，各种基于业务交叉的金融创新为客户带来了便利性，为金融企业实现了利润，展现出了有效性。金融混业经营趋势的明朗，必定会催生更多的创新行为，从这一角度而言，强调有效金融创新亦具有十分必要的意义。

（三）宏观经济风险有所加剧

经历近几十年的改革，我国取得了举世瞩目的成就，但不可否认的是，许多以前未来得及或无法支付的改革成本，已经转变成现实或潜在的宏观风险。因此，对中国来说，建立一些新的金融制度来防范经济发展波动的风险非常必要而且意义重大。经济发展不平衡会影响经济全局和社会整体的发展，需要金融创新加以缓释。一些影响金融创新的因素也发生了变化，例如竞争的加剧、市场机制的逐步完善、金融工程人才的储备增多等，从供给和需求、压力和动力等方面为金融创新造就了广阔的前景。

二、金融创新的建议

通过理论及实例分析，有效金融创新应是具有充分的动因和功能并在合意的创新环境之下的创新，其要素整合与扩散应符合科学的运行机制。我国的一些金融创新历史事件已经揭示了无效金融创新对金融系统本身和经济发展产生的消极作用，同时现阶段金融创新内外因素的变化也昭示出金融创新大有作为的广阔空间，因此提高我国金融创新有效性既有必要性亦有可能性，并需着重注意如下一些问题。

（一）树立有效金融创新观

尽管目前我国的金融创新已经有了长足的发展，但仍具有一定的盲目性和局限性。就金融产品来说，绝大部分创新的目标只是为了占有市场份额进而增加创新金融企业的盈利，因而不可避免地呈现短视特征；就金融制度来说，由于创新缺乏系统性和延续性，因而时时呈现出制度无法推行或者制度与现时金融状况不相适应的局面。金融创新有其自身的规律和程序，不合程序、不合学理的“创新”会搞乱金融秩序，给金融基本功能的建设帮倒忙。金融创新活动实质上是一定金融创新资源的投入、运行和产出的活动过程，成熟的创新理念不是单一产品和制度的革新，而应整体解决方案的创新，不应追求一时的改善和短暂的业务优势，而应着眼于持久的生命力和长远的核心竞争力。只有在科学的有效金融创新观的指导下，金融企业、监管机构和政府的金融创新才能推动金融和经济的发展。

（二）准确定位和选择金融创新的目标

在近年来我国的金融创新中，虽然推出的创新产品很多，但能够引起较大市场反响的却很少。产品创新目标选择不准确应该是其中的重要原因之一。一部分金融机构在进行开发创新时，不顾本地区的具体情况，盲目追赶时髦，推出的产品不符合客观需要，缺乏市场，少人问津。这不仅不能带来收益，反而增加了创新成本。不论什么样的创新，准确的目标选择都是其成功的基本前提，也是创新过程的第一步。何为准确的目标选择？就是针对市场上切实存在的需求所进行的目标选择。准确的目标选择只能依靠市场调研，通过细致认真科学的调查分析，发现问题之所在。正是经济发展过程中不断产生的投融资需求和金融服务性需求，引起了金融创新不断涌现，所以金融创新首先应该适应并以满足这些需求为目的。只有这样，创新才能被市场认同。现阶段，我国金融发展水平较低，客观上不具备进行大规模原创性创新的基础和条件，金融创新以吸纳性创新为主。但是，各国的经济、文化、政治状况存在较大差异，吸纳国外创新成果也要建立在适应本国本地区实际情况的基础之上，很多时候需要对舶来品进行本土化改造。

（三）实现金融创新与监管的良性互动

金融监管体系的创新是金融创新的重要组成部分，适应金融创新发展的需要，应逐步建立和完善一套新型的金融监管体系。当前我国金融监管体系的创新应主要体现以下两个方面：第一，要逐步建立和完善适应市场化发展趋势的金融监管体系，该体系包括政府监管和金融主体的自律式监管，而且以后者为主导。其核心是要强化金融机构的自律意识和投资人及存款人的自我负责原则，减少政府直接行政管制，以克服旧体制下由于政府过多管制而形成的金融运行的低效率和金融监管的高成本问题。在金融监管体系中政府监管的主要任务是保持金融运行的系统安全和稳定性，并解决市场调节盲目性和自发性可能带来的问题。第二，为克服金融创新过程中可能出现的监管失效进而金融风险增加的负面影响，各监管机构应密切关注金融机构创新动态，对原有监管体系进行调整和创新，使其继续有效地发挥监管职能。为此首先要完善监督体系，包括有效的信息系统、风险预警系统、稽核检查制度等，以及时发现和研究创新中的新问题；其次，要形成灵活的机制，以根据创新发展及时调整监管措施和内容。

（四）遵循分阶段渐进创新的原则

从目前我国具体国情出发，本着稳健发展、渐进推行的方针，我国的金融创新应该分阶段展开，不可能也不应该超常规发展，激进创新不可能得到市场的认可，反而会危害社会的安定和造成信用体系的崩溃。大体上，我国金融创新应先采取引进改造的方式，待时机成熟时再进行有中国特色的创新进而过渡到完全原始创新方式；创新侧重应逐渐由产品、工具创新过渡到制度创新和全面创新阶段；金融体制创新应由分业经营、集中监管过渡到混业经营、集中监管；金融市场创新应由货币市场领域过渡到资本市场领域。

（五）提升金融创新的高度

金融业乃至经济发展的最关键问题是提高我国的核心竞争力，要形成一种国家力量，能够使科技、金融和产业结合起来形成一个整体，真正体现一个国家的力量。因此，作为推进金融业乃至经济发展的动力——金融创新，也应当体现国家的力量。如前所述，金融创新与技术进步之间存在着紧密的相互促进的联系，而运用金融创新手段为技术创新和技术进步提供支持离不开政府的政策支持。此外，国家法律也可以拓展金融创新的边界，赋予金融创新化解宏观风险的能力，比如美国一些养老保障产品就是在国家立法变更背景下诞生的。从长远来看，我们应当把金融创新提升到体现国家力量、促进技术进步、化解宏观风险的高度。当然，在这个过程中，还应严格区分创新型国家与国家型创新，把具体金融工具和服务的创新任务全权交给金融企业。

（六）宏观金融管理政策与金融创新

宏观金融管理政策是金融管制的一个具体方面，也是影响金融创新的较为直接的环境因素。越来越多的金融创新产品以利率、汇率等价格变动为标的，价格因素或者产品定价的自由度是影响金融创新的关键因素，因而货币政策以及利率、汇率等货币政策工具和市场定价的灵活性等对金融创新具有至关重要的影响。根据现代经济学的观点，利率和汇率实质上是产权的标价，利率和汇率的决定实质上是产权如何界定和如何交易问题的现实反映，而政府对利率和汇率的管制，必将扭曲金融市场中产权的价格，将对金融创新产品的定价和交易带来障碍，从而阻碍金融创新的发生。因此要真正实现金融创新，还必须放松政府对金融的管制，积极地推动金融自由化，只有在金融自由化的条件下，才能真正由市场来决定金融产品的价格，从而真正推动金融创新的市场化。

金融创新产品尽管种类繁多，但可以归纳为三类：第一类是利率产品；第二类是权益产品；第三类是货币产品，或汇率产品。在这三类产品中，利率产品占据统治地位，无论是在基础金融产品市场上，还是在衍生金融产品市场上，利率产品都占80%以上的份额。利率产品的价格毫无疑问是受利率决定的。权益产品的价格会受到利率的直接和间接影响。货币政策特别是利率政策一有举措，资本市场就会产生反应，因为这影响资本交易的成本，影响资本市场的预期。至于汇率产品，就其最基本的决定因素而言，也与利率密切相关。由此可见，利率在整个金融创新体系中居于关键地位。

货币市场共同基金与隔夜回购协议等的出现，加上市场利率超过利率管制的最高限导致存款性金融机构的存款大量流失，出现金融非中介化即脱媒现象。在资本自由流动限制取消的背后，利率、汇率的不断变动导致了这些旨在追逐最大利润的资金同样面临着极大的风险，客观上要求金融体系能够提供更多有效分散风险的金融产品或交易策略。为此，商业银行和其他存款机构利用自身优势，创造了一批更具竞争力的新兴金融工具，各种证券、期货、保险工具不断涌现，相关金融行业得到了空前发展，市场规模日益扩大，如大额可转让定期存单、货币市场存单、货币市场债券、零息债券、可转换债券、浮动利率票据和回购协议交易等。

三、金融基础设施

（一）金融法治环境与金融创新

法律是现代社会有序化的主导模式，金融体系的有效率发展也必然依赖所处的法治环境。法律的传统，法律对创新活动的包容性和适应性，决定着金融创新的效率和空间。没有合适的法律制度，市场就不会产生任何体现价值最大化意义上的效率，就不会有金融创新的发生。在开放和进步的法律框架下，法律本身为金融创新提供了空间和条件，而且金融市场上也会出现自主创新的市场导向。法治环境对金融创新的作用不仅体现在物权、债权等基础关系和权利的界定、对金融创新法律关系的确认上，更重要的是还体现在法哲学理念和立法原则上。

一个国家的法律体系，如法律原则、程序和规定对于金融创新的效率和深度具有重要影响。普通法系法律制度的某些特点被认为是有利于创新的基础性要素。首先，普通法系对于私人部门“非为法律所明确禁止的，都是允许的”以及监管等权力部门的权力必须有明确的法律依据等法律理念，保证了金融主体在金融交易中运用各种新的合同形式和新的中介形式拥有更大的自由。在普通法系中，法律的特点是对当事人契约自由的默示许可，而在大陆法系中，契约自由须有法律明文规定，因此当一种金融创新工具提出时，大陆法系国家往往关心其是否与现行立法相冲突，讨论其合法性。其次，普通法系国家的信托等重要法律原则导致了金融领域的许多重要创新。来源于英国衡平法的信托法律制度作为一种管理他人财物的法律制度以其独特的作用成为证券市场的重要法律基础，使普通法系国家得以形成以资本市场为主导的金融市场体制，借助于资本市场的融资功能和以信托为基础的资产证券化等金融创新产品的快速发展，英国、美国等国的银行体系可以实现其信贷资产的证券化，通过资本市场获得稳定资本来源，银行效率也更高。德国、法国、日本和中国等重要的大陆法系国家均借鉴了普通法系国家信托制度的有关规定，创立了信托法律制度。最后，普通法系国家判例法和“司法造法”的传统，使其法律灵活性更强，更能适应金融创新的发展。由此可见，法律对于金融创新的重要性不仅体现在完备的金融法律制度保障，更体现在法律对于创新的态度和适应性，即法是否具有“与时俱进”的品质。

金融创新与法律制度具有互动关系。在逻辑上，法律制度的基本框架决定着金融创新的效率、空间和发展方向，而金融创新的发展对法律制度的变革有重要的反作用。许多法律改变导致与监管有关的金融创新的产生。防卫型创新被认为是受监管机构通过创造新工具规避特定监管的一种手段，例如，对银行的资本要求损害了银行在资本市场中的作用，由此导致了商业票据市场等金融创新活动的产生，而由于利率上限对银行存款的限制，出现了货币市场互助基金等创新形式。金融创新的发生和发展也对法律产生重大影响。金融创新的主体是金融企业，因此金融创新主要对民商事等金融私法产生影响，从某种意义上金融创新正在或将要改变整个金融私法的结构和内容。一是金融创新拓展了金融私法的权利内容、权利客体和新的法律关系。几乎每一种金融创新工具都创设了一种新的权利，如金融期权就是用合法的形式赋予买方一种是否在将来一定时间内一定价格买卖某种价格的权利。再如电子资金划拨作为一种贷记划拨的法律关系不同于传统的电子资金划拨关系。二是金融创新使得私法自治（金融行业自律性）进一步加强，金融市场本身更多地依靠自律管理，由市场团体制定的规则日益发挥着作用，如证券市场上市和交易规则，保险业的统一合同条款等，都成为金融私法的重要组成部分。三是金融创新导致新的法律制度和规则的设立。如金融期货、期权的交易本身也是一种制度创新。四是金融私法的日益国际化。金融创新的一个发展趋势就是金融市场的全球一体化，这种趋势反映在法律上便是金融私法国际化和一体化。实际上，如果没有全球日益统一的私法规则，金融市场的国际统一化就无从谈起。

在具体的法律制度方面，知识产权保护对于金融创新具有重要意义。金融产品创新与知识产权存在着紧密联系，创新是金融知识产权的重要源泉，而知识产权保护对金融创新竞争力的确立和维持具有促进作用。为适应知识产权的不断创新和发展，各国在专利法等知识产权法律保护方面呈现修改速度不断加快的趋势。以美国为例，1998 年，美国明确了“商业方法”具有可专利性之后，商业方法具有了与其他方法发明同等的地位，使金融创新的产权保护和激励获得了十分有利的制度环境。以花旗银行为主的金融机构在美国申请了多达几十项商业方法专利。为获得在我国专利使用的优先权，该行已递交了 20 多项专利申请。

（二）社会信用制度与金融创新

信用体系对金融创新的作用机理，是通过完善信用法律制度、建立失信惩戒机制、强化市场监管等手段，规范金融工具征集、管理信用并从中规避风险、获取收益的过程。信用体系是否健全、信息披露的真实性、有效性如何，失信、违约的责任是否真正得到追究，是影响金融创新成败的基础因素。西方发达国家的信用体系大都经历了长期的发展与建设，形成了完善的信用法律制度、完整的征信数据库和有效的失信惩戒机制，信用产业得到充分发展，良好的社会信用文化和行为规范得以形成，为金融产品创新提供了有力的信用设施。随着金融创新产品复杂程度提高，信用中介机构的作用日益重要。在投资者难以准确把握产品风险的情况下，信用中介机构的服务成为推动创新扩散的一个必要条件。近年来，信用中介的服务已涉及众多的金融创新领域和产品，尤其在固定收益市场，信用评级机构的评级已成为投资者接受新型结构性产品必不可少的重要环节。但投资者对信用评级的过度依赖和信用评级环节存在的问题加大了市场风险，在美国次贷危机事件中，信用评级机构被认为负有不可推卸的责任，其中立性和公正性受到质疑。

金融创新风险往往与信用体系的缺陷有密切联系。作为最基础的制度环境之一，信用体系不仅为金融创新活动的发生、发展提供基本信用条件，也是金融机构防范和化解风险的重要保障。特别是在金融创新产品日益复杂化，投资者难以准确把握产品风险的情况下，信用中介机构的意见尤显重要。

（三）市场基础准则与金融创新

市场基础准则主要包括会计准则、信息披露准则和公司治理准则，三大准则之间存在密切的内在联系，其互动作用有利于提高市场的规范化和透明度。有效的公司治理既是激励创新的制度保障，也是风险管理的基石。公司治理是现代企业制度中最重要的组织架构，其实质是公司的权力制衡问题。有效公司治理的原则在国际惯例指引中主要体现为证监会国际组织（IOSCO）的证券监管原则和经合组织（OECD）公司治理原则。公司治理准则对金融创新的基础性作用至少体现在两个方面：①有效的公司治理是确保创新主体活力和激发创新潜能的基础。欧美成熟市场国家的经验表明，微观主体的健康和有效治理是金融创新的制度基础，西方关于金融创新动因的理论体系中隐含的一个前提是，必须对创新主体实施有效治理并尊重其独立的市场地位。②有效的公司治理是进行金融创新风险管理的基础。国际上众多与金融创新有关的风险案例，都不同程度地与内部风险管理或控制不完善、自我监管管理混乱有关。此外，公司治理的有效性还对其他因素构成影响，如金融监管模式的转变、会计模式的选择、会计监督以及信息披露的质量等都有赖于公司治理基础的巩固。

会计准则和信息披露准则是金融市场的重要规则，是金融创新发展的重要基石。随着现代金融市场发展和交易复杂程度提高，金融创新对高质量会计和信息披露准则的依赖度日益提高。会计准则和信息披露准则同金融市场的发展密不可分，两大准则的完善程度和有用性是金融市场不断走向成熟的重要标志。最具国际影响力的会计准则是美国财务会计准则理事会（FASB）发布的会计准则（FAS）和国际会计准则理事会（IASB）发布的会计准则（IAS）。会计信息有用性的提高，将积极推动投资者更新投资理念，提高投资决策的科学性，是证券市场不断走向成熟的重要标志。国际会计准则基本解决了衍生金融交易不能进行会计核算的难题，为金融创新工具提供了确认、核算和披露规范，其积极作用非常明显。一方面，会计准则变化顺应金融工具和金融交易日益复杂的发展趋势，可以激励金融创新的发展；另一方面，会计准则的变化对金融机构资产负债管理和成本收益核算产生重要影响，迫使其寻求金融创新的路径。在美国，许多金融创新是来自会计准则的激励，美国以规则为导向的金融工具会计准则中，应用了大量的示例说明如何在特定环境下适用准则，使准则具有很强的可操作性，促进了美国金融工具创新一直走在世界的前沿。

（四）支付清算体系与金融创新

支付清算体系为金融创新提供了技术支撑平台。以支付结算体系为核心的交易保障系统为资金清算、客户服务、风险管理等业务提供技术支持，促进了信用卡、网上银行、网上证券等网络金融等服务的快速发展。同时支付结算等交易规则和系统的不断发展，复杂的金融衍生产品交易成为可能，支持了金融创新向更高层次深入发展。20 世纪 70 年代以来，以电子计算机为核心的信息技术的广泛应用和发展，为金融创新奠定了技术基础，拓展了以中间业务和表外业务为内容的金融服务领域。进入 20 世纪 90 年代以后，电子计算机技术，特别是网络技术的迅猛发展和广泛应用，使得金融技术因素不仅成为金融创新的手段，而且成为推动金融创新的强大压力和巨大动力。以互联网和支付系统专网为依托的金融交易、清算、结算网络成为全球金融进一步融合的催化剂。许多金融技术创新、融资便利手段、风险管理工具很大程度上是基于现代支付交易网络体系而设计的。跨国（境）的支付系统把全球金融市场融合起来，商业交易和金融交易突破时空限制，使传统的风险管理手段、方式发生了重要变化。十国集团运行的多币种持续结算银行系统（CLS）、环球银行间金融电信协会运行的 SWIFT 系统、欧盟运行的 TARGET 系统以及一些银行卡跨境支付系统在跨境支付服务领域发挥着越来越关键的作用。支付系统在证券市场、外汇交易市场、拆借市场等金融市场的发展过程中发挥了重要的基础性作用。支付体系电子化发展不仅有利于吸收更多的市场主体，也满足了许多新的复杂的金融创新交易，如互换、指数期权等，对于信息技术平台的需要。全额实时支付系统（RTGS）和净额结算系统（DNS）是当前各国跨行支付系统的两种主要形式。随着计算技术的提高，将两种系统的优势相结合，开发和建设混合（Hybrid）支付系统，将成为未来支付系统发展的主要趋势。德国中央银行开发建设的 RTGSplus 系统和美国的 CHIPS 系统升级版代表了两种解决思路。支付系统的不断完善，在提高结算效率的同时也增强了支付安全性，为进行更高层次的金融创新提供了技术平台。

此外，以支付结算体系为核心的交易控制系统是金融创新风险控制的技术平台，交易控制系统中零散构件的发育或完善对于防范金融创新风险具有重要意义。金融创新风险管理的基本条件是建立完善的支付结算制度，交易控制系统的功能体现在三个方面：一是防范信用风险，信用风险要靠不断强化支付业务安全传输、财务和支付信息规范处理、异常情况查处和各种对违法违规行为的严厉打击来防范。二是流动性风险，支付体系对流动性风险的管理一般采用缴存支付保证金、净额清算、展信等制度安排来防范。三是系统运行风险，系统运行风险的控制不仅需要电子安全技术的支持，还需要支付风险管理控制制度的配合。

第三章　金融经济的风险及控制方法

第一节　中小金融机构的支付风险

金融业是具有高风险特性的特殊行业，中小金融机构作为整个金融体系的一个重要环节，具有较为灵活的经营机制，对集体经济和个体私营经济等非国有经济发展起到一定的扶持作用。中小金融机构是指股份制商业银行和地方性金融机构，其存在和发展不仅有利于保持金融市场上的竞争与效率，还有利于推动国有大型商业银行按照经济、合理、精简、高效的原则改革管理体制，加快国有大型商业银行的改革步伐。但由于其固有的体制特征，释放风险的概率较之大型金融机构更大。目前，中小金融机构的风险已成为当前影响金融安全、制约经济发展、危及社会稳定的普遍性问题。

一、中小金融机构概述

在我国目前的金融体系中，对于中小金融机构的概念定义不是特别明确。但合理界定其范围是对其进行差异化风险分析、防范，乃至规范、指导其有效发展的前提。

（一）中小金融机构含义

中小金融机构是指那些为地方政府、中小企业、农村农民以及其他小规模群体提供金融服务的金融机构。也就是说，主要根据金融机构对国民经济作用力的接触点来对金融机构的类型进行划分。具体来说，中小金融机构按照业务范围可分为中小商业银行、信用社、中小信托公司、中小保险公司、中小证券公司等；按照组织形式可以细分为政策性中小金融机构、商业性中小金融机构以及其他小额信贷机构等。在现实当中，中小金融机构主要包括一些规模较小的存贷性金融机构，这些金融机构负有商业银行的基本职能，业务主要包括存款、贷款等。

（二）中小金融机构主要特征

中小金融机构具有以下明显特征。

1. 规模较小

中小金融机构无论是在资产总额、注册资本、融资能力、负债能力，还是职工数量等方面规模都较小。虽然根据不同国家和地区的情况，对于规模的界定并不十分清晰，但从相对概念上来讲，中小金融机构该特征十分明显。

2. 分支机构少

中小金融机构由于在资金和管理能力方面有所欠缺，多数情况下只在某个特定区域进行经营活动，很少在经营区域之外设立分支机构。不少的中小金融机构往往只有一个总部而没有其他的分支营业机构。

3. 服务对象固定

中小金融机构通常具有特定的服务对象，或是在经营管理方面各自具有特色。其明显的地域特征决定了它的服务对象大多是当地的中小型企业及其他客户。例如，我国大多数城市商业银行的服务对象仅限于该城市中的各种中小型企业，地域性的农村信用社主要业务范围是为农村和农民提供特色的金融服务。

（三）中小金融机构在我国的发展

中小金融机构在我国发展历史短暂，但具有较快的发展速度。自 20 世纪 80 年代至 90 年代初不到十年的时间里，其在金融市场的份额就自 0 增长至三分之一。同为金融机构，中小金融机构自产生之日起就注定要和国有商业银行进行市场竞争，可以说它们是在国有商业银行的夹缝中生存下来、发展起来的。但是它的出现，打破了我国国有银行体系对金融业的高度垄断，将充满活力的市场竞争机制引入了金融行业，在整体上提高了我国银行业的服务效率。另外，其在深化金融体制改革、健全银行体系、改善金融服务和支持国民经济发展等诸多方面的作用也是不容忽视的。90 年代后期，由于主客观因素综合作用，一大部分中小金融机构陷入了发展的空前困境，相继出现了资产增长速度阶梯性降低、市场份额逐步退化、经营管理混乱、财务状况恶化、资金链风险持续积累等不良现象。特别是一批城乡信用社的倒闭、破产更是使社会公众对中小金融机构的信心备受打击。但是在市场经济大环境下，挑战总是和机遇并存，外资银行进驻我国金融业，促进了开放、竞争、有序的成熟金融市场尽快形成，给我国的金融业注入了新的活力。但是由于金融风险与金融发展的并行性，中小金融机构要获得长期可持续发展，就必须重视发展中存在的风险，建立完备的风险应对策略。

（四）中小金融机构的主要风险类型

自20世纪90年代后期进行市场化改革以来，我国中小金融机构取得了空前快速的发展，然而出于经济体制改革过快而使某些历史遗留问题没有得到及时处理，以及由于中小金融机构自身经营管理不当等主客观原因，致使我国中小金融机构在这20余年的发展过程中积累了较多风险。我国中小金融机构目前面临的风险主要包括以下方面。

1. 信用风险

狭义上的信用风险是指借款人到期不能履行本息协议而导致金融机构蒙受损失的风险性，信用风险属于违约风险。广义上的信用风险是指由于外界不确定因素对金融机构的信用产生影响，使该机构实际经营收益和预期目标背离，导致金融机构在经营过程中蒙受损失的可能性程度。目前，信用风险是中小金融机构所面临的主要风险，具体表现为贷款质量风险与贷款集中风险。据投资相关理论分析，贷款质量风险分为逾期贷款比重、呆滞贷款比重和呆账贷款比重三个指标，比重越高，信用风险就越大。就目前对贷款形态指标考核的要求来讲，逾期贷款余额与各项贷款余额之比不允许超过8%，呆滞贷款比重不允许超过5%，呆账贷款比重不允许超过2%，但是在实际营业过程中，中小金融机构很难符合上述指标要求。

2. 资产流动风险

流动性风险指的是中小金融机构所掌握的现有流动资产无法满足客户提款和贷款需要，致使该机构丧失清偿贷款能力和蒙受损失或面临倒闭的风险，该风险属于潜在风险，也是国外各中小金融机构所面临的主要风险之一。从触发原因上讲，流动性风险既属于本源性风险，又是一种派生性风险，即其流动性不足状况很有可能是通过机构利率风险、信用风险、经营风险、管理风险、汇率风险等风险源二次造成的。

3. 操作性风险

操作性风险是金融机构因内部控制管理机制失去效能而导致的损失风险，是问题长期积累的后果。主要是由于中小金融机构的体制问题没有得到及时解决。长期以来，中小金融机构缺乏明确的市场定位，其管理主体不断改变、服务对象游离不定，因而其管理运营模式和经营思路都不曾固定下来。

4. 经营性风险

经营性风险是指因为机构经营管理不善而造成的各种风险。中小金融机构经营性风险的形成既有经济转型期政策误导造成的，也有因为社会信用环境和银行自身经营发展及控制机制不健全所致。因此，要彻底规避中小金融机构的经营风险，前提是必须拥有良好的社会信用环境，在法治化的市场经济条件下，不断促进中小金融机构完善其经营发展机制。目前，中小金融机构经营风险的防范与化解工作已经被中央银行行使监管职能部门提上日程。

5. 支付性风险

中小金融机构规模小、资本额度少，导致其支付风险时有发生。在我国，国有商业银行均属于一级法人管理体制，而中小金融机构在法律上都为基本独立法人实体，因此，中小金融机构每一实体的风险承受能力都较弱，而且目前我国的存款保障体系尚未完全建立，这就直接导致了中小金融机构所面临的支付风险较为突出。

二、中小金融机构支付风险及形成原因分析

我国的中小金融机构大多是在当地政府主导下“摸着石头过河”诞生的，建立之初既没有严格的市场准入法则，也没有对自身弱势的分析，经营管理过程缺乏操作性强的行业管理规范。这些因素导致了中小金融机构先天不足，从进入市场时就埋下了法人治理结构不规范、大量不良资产、经营管理混乱、急功近利等诸多隐患。

（一）金融机构支付风险的主要危害

金融机构支付风险也称流动性风险，它是金融风险中最常见最基本的类型，具体表现为金融机构不能满足客户随时提取存款或索取到期债权的需要的可能性，这种风险成为现实，即变成支付危机。其主要危害有四方面。

1. 支付危机会引起社会动荡

在我国，金融机构的公有制属性决定了金融企业以储蓄存款为主要形式的负债，实际上是国家对居民的负债。当存款人“存款自愿，取款自由”的权益受到损害时，必然产生心理上的恐慌和情绪上的不满，会破坏安定的社会秩序和正常的金融秩序。

2. 支付危机会导致市场失衡，引发和加剧通货膨胀

金融机构支付危机与挤兑风潮相伴而行。挤兑风潮对市场的平衡会产生两种不利影响：一种是当市场基本平衡、运行态势良好时，居民大量挤兑存款抢购商品，则是向流通中注入多余的货币，从而引起市场货币流通量与有效商品价格总额之间失去平衡，导致通货膨胀；另一种是当市场已经失衡并发生了通货膨胀时，挤兑风潮是对失衡的市场火上浇油，进一步加剧对通货膨胀的压力，使国民经济遭受到更为严重的破坏。

3. 支付危机会引起社会资源的错误配置和社会财富的巨大浪费

市场机制配置资源的基本形式是需求拉动生产，消费决定供给。正常的市场商品流通会给生产部门提供正确的决策信息。在金融支付危机导致的存款挤兑风潮下，人们抢购商品并非为了即期消费，而是改贮藏货币为贮藏商品，以规避“存款风险”，把潜在的货币购买力转化为现实的购买力。生产部门在“以销定产”原则的指导和社会平均利润关系的作用下，会争先恐后加大对市场已售同类商品的生产并再次倾注市场。然而，这些商品因其购买力已被挤兑抢购风潮提前挖掘而并非市场所需要，以致形成新一轮生产的大量积压、损失，造成社会资源和财富的巨大浪费。

4. 支付危机会削弱金融机构融资功能

信用中介是金融机构最基本的职能。金融机构通过发挥信用中介职能，可以实现对货币资本在多余（存款）者与短缺（借款）者之间的融通，以调节多层次的经济关系。离开了信用，金融机构就失去了维系和强化其融资功能的基础和前提。金融机构只有恪守信用，强化管理，保障客户的合法权益，才能取信于民，谋求发展。反之，若发生支付危机又因措施不力而处理不当，就会使客户丧失信心，使自身业务发展受到影响，甚至可能导致金融机构的最终破产或关闭。

（二）金融机构支付风险的主要成因

金融机构支付风险产生于一个复杂的经济过程中，是主、客观，内、外部各种矛盾的积累和交织。因而，剖析其成因需要从金融体系内部和外部同时入手。

1. 违法违规经营，资产呆滞损失

市场经济条件下的金融机构，本质上是一个赚钱的企业，在高额利润的诱惑和驱动下，违规违法经营很难避免。违规违法经营所签订的合同一般属无效经济合同，不能受到法律的完整保护。大量违规经营造成了巨额资产的呆滞损失，使得有关金融机构正常支付难以为继。

2. 存款过度使用，资金难以周转

存款是金融机构经营资金的主要来源，在这种意义上说，银行没有存款就没有贷款。因此“以存定贷”是金融机构必须遵循的基本原则。在经营安全与效益并重原则下，存款使用率过低或过高都是不可取的。因利益机制驱动，有的金融机构总是千方百计超比例发放贷款以增加生息资产和高息资产。如果金融机构过度使用存款后，新增存款和收回的贷款不能保证支付，必然发生支付危机。

3. 资产品种单一，贷款过分集中

金融企业防范信贷经营风险的基本途径是保持资产结构的多样化，也就是要尽可能选择多种多样的、彼此相关系数极小的资产进行合理搭配，使高风险资产的风险向低风险资产扩散，以降低整个资产组合的风险程度。但是，相当部分金融机构的资产形态极为单一：银行和城乡信用社的资金主要用于高风险的贷款资产；信托投资公司的资金主要投资于房地产或自办经济实体。同时，贷款投放也相对集中，违反了“筹码分散”的风险防范原则。这种“筹码集中”的贷款投放，既给受贷企业注入了风险，又使信贷资金的正常循环周转受到威胁；相反，众多中小企业和亏损企业有市场、有效益的产品的生产却很难得到信贷支持，以致存量贷款难以盘活。

4. 重营利性轻流动性，资产配置不合理

金融资产的营利性、流动性相互联系又互为矛盾。金融机构正确处理资产营利性与流动性的关系，是防范财务风险和支付风险的一个至关重要的问题，只有两者兼顾，才是科学合理的选择。但在实践中，不少金融机构总是更多地偏重追求超额利润而削弱资产的流动性，短期资金长期使用，结果弄巧成拙，不但直接导致了支付风险的加剧，而且在支付危机发生时，为保全信誉，往往又采取高息借款保支付的办法，最终得不偿失，既影响了自身形象，又增加了财务成本。

（三）支付风险来自外部冲击

1. 企业高负债低效益，导致银行贷款单向流动

高负债与低效益如同一对连体婴儿，密不可分。因为银行贷款要还本付息，企业归还贷款按时付息成了无源之水，只好以新贷还旧贷，借贷款付利息，金融机构所潜在的支付风险也就显而易见。

2. 银企关系扭曲，贷款本息难收

银行与企业本来是互为客户、信用往来、相得益彰的利益共同体，但在市场化程度不高、法治环境尚差、改革有待深化、体制尚待理顺、产权不够明晰的地区，银企关系扭曲，贷款本息难收的问题相当突出，法律对金融债权的保障效果显得微弱，银行诉诸法院后，“案子一拖好几年，赢了官司输了钱”是常有之事。基于上述原因，金融债权本息回流渠道也就淤塞不畅。

3. 企业改制逃废债务，银行贷款大量悬空，使银行债权受到严重威胁

不规范的企业改制行为，助长了企业废债，阻碍了现代企业制度的建立；破坏了正常

银企关系，制约了地方经济的发展；加剧了银行经营的困难与风险，极易诱发金融支付危机和社会动荡。

4.“两金一债”冲击市场，金融机构难保平安

近年来，在各级政府的提倡和鼓励下，农村合作基金会、供销社股金社和企业直接融资如雨后春笋，方兴未艾。各种基金会因管理不力、运行不畅、超负荷使用资金等，支付风险潜伏已久，有的地方支付危机已经发生。实践已经证明，基金会的支付危机必然对金融机构造成巨大冲击，同时，不规范的企业集资也会加重金融机构资产流动性压力。因为不规范的企业集资主要是高利率，这对金融机构的存款稳定和正常增长以及集资企业存量贷款的安全回流影响很大，直接危及金融运行的安全。

第二节　金融机构潜在的经营风险

经营风险指的是由于公司的外部经营环境和条件以及内部经营管理方面的问题造成公司收入的变动而引起的股票投资者收益的不确定。金融机构的经营风险是指金融机构在经营过程中，因为决策失误、方法错误、客观情况变化或其他原因使金融机构资金、财产、信誉遭受损失的可能性。金融风险有些是内在的，如信用、操作风险等；有些是外在的、不可预测的，如战争、天灾人祸等。在经济上升时期，金融机构的风险往往会被繁荣掩盖，一直到经济萧条或不景气时才逐渐暴露出来，最终导致经营损失，直至倒闭。

一、金融机构经营风险的类型

金融机构的经营风险主要可以归纳为以下三类：市场风险、道德风险、操作风险。

（一）市场风险

市场风险指因股市价格、利率、汇率等的变动而导致价值未预料到的潜在损失的风险。因此，市场风险包括权益风险、汇率风险、利率风险以及商品风险。

利率风险是整个金融市场中最重要的风险。由于利率是资金的机会成本，汇率、股票和商品的价格皆离不开利率，同时由于信贷关系是银行与其客户之间最重要的关系，因此利率风险是银行经营活动中面临的最主要风险。

汇率风险是市场风险的重要组成部分。随着我国经济持续增长，越来越多的国内企业将走出国门投资海外，汇率风险也随之增加。随着人民币汇率形成机制的进一步完善，市

场因素在汇率形成机制中的作用会进一步加大，我国银行业的汇率风险也将进一步提升，加强汇率风险管理和监管变得越来越重要。

（二）道德风险

道德风险，从伦理学的角度而言，是指某些道德原则和规范在现实生活中的推行、履行有可能导致不理想效果或负面影响的危险性，也就是说，可能的道德行为在实际过程中的不确定性。具体到金融领域的道德风险，是指某些道德原则和规范在金融领域的推行超越或严重滞后某些具体的社会组织或团体的实际情况，有可能导致道德价值观的扭曲和失灵。在金融领域主要表现为失约风险、失真风险和失公风险等。失约风险指在金融活动中，道德主体违背合同契约，不能守信、承诺、尽责的风险。如不能按时归还债务、利息、基金等。失真风险指在金融活动中，道德主体思想不诚实，披露的信息不真实，弄虚作假，欺骗他人的风险。如在银行业中的虚增存款，在证券市场中的虚假报告等信息。失公风险是指在金融活动中，违背公正、公平、公开原则，不一视同仁，没有透明度而形成的风险。如暗箱操作、内部人控制、关系与关联贷款等情况。

其实任何一种商业活动，都有它潜在的风险。市场上的风险时常是大家首先考虑的，并尽可能规避它。道德上的风险则因其隐蔽性而不被重视，或者视而不见。于是，在一次又一次利益与道德的博弈中，道德屡屡甘拜下风。在这样一种环境里，公平、诚信、高效，都是奢望。风险的隐蔽性越大，其可能造成的损失就越严重，近年来金融案件屡屡发生，不断有大案和要案曝光，涉案金额、人员以及影响面令人震惊，形成的原因无不与当事人的道德品质有关。

任何制度体系都存在局限性，制度不是“万能”的，也不存在十全十美的制度。制度规定得越多越细，建设和维护这一制度体系的成本就越高，相应的管理费用也随之增高，甚至会阻碍银行的经营发展。更为重要的是，制度执行的实际效用离不开“人”这一主观因素，它与员工的法治意识、职业素质等密切相关。如果人的道德观念出了问题，再好再多的制度也没有用。因此，欧盟成员国的商业银行非常强调和关注员工的伦理道德和职业操守，并把培养良好的伦理道德水准和风险控制文化作为道德风险防范体系的第一“支柱”。在我国，培育良好的金融企业文化是防范金融道德风险的当务之急。

（三）操作风险

银行办理业务或内部管理出了差错，必须做出补偿或赔偿；法律文书有漏洞，被人钻了空子；内部人员监守自盗，外部人员欺诈得手；电子系统硬件软件发生故障，网络遭到黑客侵袭；通信、电力中断；地震、水灾、火灾、恐怖袭击等。所有这些，都会给商业银行带来损失。这一类的银行风险，被统称为操作风险。巴塞尔银行监管委员会对操作风险的正式定义是：操作风险是指不完善或有问题的内部操作过程、人员、系统或外部事件而导致的直接或间接损失的风险，这一定义包含了法律风险，但是不包含策略性风险和声誉风险。操作风险可以分为由人员、系统、流程和外部事件所引发的四类风险，并由此分为七种表现形式：内部欺诈，外部欺诈，聘用员工做法和工作场所安全性，客户、产品及业务做法，实物资产损坏，业务中断和系统失灵，交割及流程管理。

从引发风险的根源看，市场风险具有“外生性”，操作风险和道德风险具有“内生性”。如果操作控制不当，许多操作风险可以转化为市场风险。而在市场压力下，市场风险可诱发违章操作，形成操作风险；市场利益的驱动可以促成和强化以个人利益或小团体利益为目标的道德风险。可见，市场风险、道德风险和操作风险作为金融机构经营中最常见的三种风险，不仅相互关联，彼此影响巨大，甚至会出现相互转化的情况。要对金融机构的经营风险进行有效的监管，必须从这三方面入手，并且把三种风险都置于监管的范围之内。

二、经营风险形成原因

从形成原因看，金融机构在经营活动过程中的风险主要来自以下几个方面。

（一）来自金融机构重要人员的违规经营

这类违规经营包括越权贷款或交易、做假账等。英国巴林银行就是由于其新加坡期货公司交易员里森的越权违规交易而形成巨额亏损。里森不仅是期货公司在交易所的前台首席交易员，而且是后台结算主管，其权力很大却无人制约和监督。里森利用私设的账户向总部虚报了大量交易利润，同时又向总部申请大量交易保证金来进行交易和弥补实际的损失，拆东墙补西墙，最终因日本神户地震这一偶发事件造成其持有的日经期货价格大幅下跌，形成22亿新加坡元的巨额亏损，导致了巴林银行集团的倒闭。

（二）来自金融衍生产品的过度使用

金融衍生产品是传统金融工具的派生物，如利率、货币和股指等期货市场分别是由货币、外汇市场、股票市场衍生而来的，其价格也由这些现货市场决定。金融衍生产品这种市场交易工具，是在金融创新过程中为满足避险需要而产生的，由于金融衍生产品市场的最显著特征是高风险与高收入并存，且为完成某笔交易只需交纳很小比例的保证金或期权费便可，也就是常说的高倍杠杆率，从而为某些交易商创造了丰厚的利润。

第三节 金融风险的防控措施

一、继续全面深化金融改革

继续全面深化金融改革，需要不断完善金融市场调控方式，加大宏观调控对金融市场的影响，建立健全市场运作机制，合理调整信贷结构与金融机构。

（一）运用货币政策的主要措施

全面提高货币决策能力，增加透明度，实现货币决策民主化。有效科学把握金融宏观调控，进一步发挥货币工具的创新作用，对货币政策的传导机制进行修改完善。央行要始终坚持稳步推进货币政策，使货币能够有效防止通货膨胀，起到规避风险的作用。

1. **继续落实好适度宽松的货币政策，保持货币信贷合理充裕**

增强政策的针对性和灵活性，综合运用多种货币政策工具，合理安排货币政策工具组合、期限结构和操作力度，加强流动性管理，保持银行体系流动性合理充裕，加强对金融机构的窗口指导，促进货币信贷合理增长。引导金融机构根据实体经济的信贷需求，切实把握好信贷投放节奏，尽量使贷款保持均衡，防止季度之间、月初月末之间异常波动。加强政策引导和监督，着力优化信贷结构。落实有保有控的信贷政策，使贷款真正用于实体经济，用到国民经济最重要、最关键的地方。引导金融机构加强对“三农”、就业、战略性新兴产业、产业转移等的信贷支持；支持重点产业调整振兴，严格控制对高耗能、高排放行业和产能过剩行业的贷款，着力提高信贷质量和效益；完善消费信贷政策，大力发展消费信贷；在全国范围全面推进农村金融产品和服务方式创新，做好金融支持集体林权制度改革与林业发展工作；全面落实支持小企业发展的金融政策，有效缓解中小企业融资难问题。引导信贷资金主要用于在建、续建项目，严格控制新开工项目的贷款投放。强化信贷政策执行情况的检查监督，防范信贷风险。继续按照主动性、可控性和渐进性原则，完善人民币汇率形成机制，保持人民币汇率在合理、均衡水平上的基本稳定。要站在全局的高度，创造性地开展工作，加强各部门之间的沟通联系，搞好货币政策和财政、产业、环保、贸易等政策之间的协调配合，形成工作合力。

2. **继续深化金融企业改革，不断完善维护金融稳定的体制机制**

促进中国农业银行股份有限公司继续完善公司治理结构与风险控制体系，加快做实

“三农”事业部。推动国家开发银行继续完善金融服务组织体系。指导中国进出口银行和中国出口信用保险公司稳步实施改革方案。指导和支持农业发展银行继续深化内部改革，提高经营管理水平。推进重点地区农村信用社深化改革。

3. 加快金融市场产品创新，推动金融市场健康发展

加快债券市场发展，丰富金融衍生产品。扩大中小企业短期融资券、集合票据发行规模，研究中小企业发行可转换债务融资工具、债券第三方回购业务等。推动企业发行资产支持票据。加快黄金市场产品创新。进一步完善房地产金融体系。继续推动境内金融机构赴中国香港发行人民币债券、境外机构和企业在境内发行人民币债券、外资法人银行在境内发行金融债券。

4. 深化外汇管理体制改革，促进贸易投资便利化

进一步推进进出口收付汇核销制度改革，简化贸易信贷登记管理。允许企业出口收汇存放境外，便利企业灵活运用外汇资金。扩大中资企业外债试点，统一中、外资企业外债管理政策。健全完善全面的外汇债权债务制度。完善跨境资金流动以及国际收支统计监测，健全多层次国际收支风险双向监测预警框架。进一步完善适合我国特点的外汇储备经营管理体制机制。逐步实行外汇流入流出的均衡管理，促进国际收支基本平衡。探索为国家“走出去”项目提供外汇资金支持的新模式。

5. 深入开展国际和港澳台金融交流与合作

深入研究后危机时代国际经济金融格局的变化，主动开展国际交流与合作，推动国际货币体系改革，参与国际金融规则制定，切实维护和争取国家利益。继续参与 G20 金融峰会、财长和央行行长会议以及中美战略与经济对话等高层机制性战略对话。积极推动基金组织份额和治理结构改革。推进国际货币体系多元化。全面参与金融稳定理事会和巴塞尔银行监管委员会活动。继续加强与非洲开发银行、泛美开发银行等多边机构的合作。加强与外国央行的交流与沟通，在重大政策问题上加强协调与合作。积极推进包括清迈倡议多边化在内的区域货币金融合作。推动开展港澳人民币业务。促进海峡两岸开展实质性金融合作。进一步完善跨境贸易人民币结算试点相关政策。

6. 扎实推进金融服务现代化，全面提升金融服务与管理

加强金融法治建设，推进依法行政。提高金融统计工作水平，建立全面、协调、敏锐的金融统计体系。推进支付体系建设，完善银行卡业务管理办法，配合公安部门打击银行卡违法犯罪。改善农村支付服务环境。提高金融信息化水平，推进银行卡产业升级，扩大银行 IC 卡应用和标准化。加强货币金银管理，全面配合公安机关持续打击假币犯罪。继

续推进国库改革与创新。扎实开展金融研究，加强理论研究和实证分析。加强征信管理，大力推动征信立法，做好中小企业和农村的征信服务，加快金融统一征信平台建设。提高反洗钱监管水平，加强非金融行业反洗钱研究，配合有关部门严厉打击洗钱犯罪，积极参加反洗钱国际合作。

（二）加速推进利率市场化

加速推进利率市场化，灵活应用利率杠杆，通过货币政策来引导市场利率，并且根据市场利率，准确确定金融机构对资产、负债价格利率的调控体系。通过不断深化外汇管理体制改革，建立国际水平的市场机制，为贸易、投资活动提供良好的市场环境。

1. 增加融资渠道

（1）国家财政注资

国家财政注资长期以来是我国国有商业银行赖以生存的根本，也是一直以来我国为稳定金融市场，协助金融企业改造的一贯方针。国家财政注资是一项特殊的政府政策安排，即通过向试点银行注入政府资金，调整大型国有银行资本结构，补充资本金的一种方式。注资是资本充足率提高的直接途径。国家是中国国有商业银行的股东，在国有商业银行资本充足率达不到监管要求时，国家要履行出资人的职责，直接向国有商业银行注资。因此，国家应在每年的财政预算中安排一定量的资金用于补充国有商业银行的资本金。如果四大国有独资商业银行资本金缺口比较大，不可能一次性补足，可以考虑定向发行特别国债的办法，补充某些国有银行的资本金缺口。

（2）商业银行上市融资

要想在短期内提高资本充足率，自身积累发挥作用的空间很有限。而上市能使其比较方便快捷地补充资本金，建立起稳定的资本补充机制，是提高资本充足率的良好途径。浦东发展银行和民生银行的成功上市就证明了这一点。这两家银行上市后的资本充足率有了大幅的上升。因此，我国银行业纷纷通过改制上市，符合条件的商业银行，经过股份制改造和一系列法律审批程序后，通过在国内、国外资本市场公开发行，筹措资本，增加核心资本来提高资本充足率。国外商业银行几百年的历史和国内几家股份制商业银行成功的股份制实践，证明了股份制是一种较为理想的产权模式。上市的商业银行可以进入资本市场直接融资，解决资本金不足的问题，还可以通过收购、兼并联合、托管等多种方式实现资本的有效运营，将银行拥有的各种形态的存量不良资产激活为有效资产，从而减轻银行的负担，迅速改善其经营管理。

从全球范围来看，商业银行在上市公司中占有较高的比例。商业银行上市的目的不仅是补充资本，提高资本充足率，更重要的是通过股份制改造建立起有效的经营机制和内部风险控制体系，健全公司治理组织体系，完善信息披露制及外部治理措施，提高商业银行资源配置效率和竞争力，为可持续发展打下良好的基础。

（3）引入境内外战略

投资者和民营资本提高资本充足率最好的方法就是在资本市场上筹资。吸引境内外资本加入、建立开放的股权结构，是国际上大银行的共同特征。当前，非公有制经济已经成为中国经济的重要组成部分，国有商业银行在建立现代银行制度的过程中还要积极探索和尝试吸收民间资本，推动股权结构多元化和资本总额的增加。

民营资本和海外资本，不仅数量巨大，有利于增加股权资本带来更先进的经验和技术，而且强化对银行资本使用的监督和管理。有利于建立权利、责任、利益边界明晰的组织架构和运行规范、管理科学、内控严密、运转高效的经营机制和管理体制，提高风险防范能力和内部控制能力，但是在引入外国战略投资者的同时，也要注重稳定的经济、法律环境的建设，加强金融监管，防止金融危机。

2. 开展业务创新，提高营利能力

国有商业银行应积极拓展如基金托管、委托、代理、咨询、贷款承诺、贷款出售、各种信用证、跟单信用证、承兑汇票的表外业务，但对衍生金融工具交易要谨慎发展，以规避其高风险。一是优化资产的组合，实现资产结构的多元化。二是在政策范围内，国有商业银行应逐步改变目前信贷资产占资产绝对主体的格局，扩大债券、拆借等风险系数小的资产比重，减少信用放款，增加抵押和担保贷款。对现有贷款存量，也应补办抵押手续，努力降低风险系数高的贷款资产，保证资金合理的流动性。目前应该逐步放开银行业务限制，推动银行信贷结构调整，强化信贷质量管理，推动金融创新及全面成本管理，通过留存收益转增资本，不断提高银行自身资本充足水平。

3. 减少加权风险资产，提高资产质量

银行所持有的风险资产的数量，是影响资本充足率高低的一个重要因素。根据资本充足率的计算公式，减少加权风险资产，提高资产质量是商业银行提高资本充足率的有效内在途径之一。“资产证券化”可有效降低资产风险权重，即银行可以将存量长期信贷资产进行证券化，以实现减少加权风险资产的目的，进而改善其资本充足率的高低。但资产证券化对信用评级和信息披露有着非常严格的要求，除少量优质的商业银行外，一般的商业银行很难达到。

我国商业银行抗风险能力比较低。积极借鉴国外银行的成功经验，提高自己本身的信

贷风险管理水平，进而加强对市场风险、操作风险等的全面风险管理水平，是商业银行今后必须要做的工作。

目前我国建立了以贷款五级分类为基础的贷款损失准备金制度，要求商业银行定期分析各项贷款的可回收性，预计可能产生的贷款损失，对预计可能产生的贷款损失提取一般准备、专项准备和特种准备三种准备金。一般准备是根据全部贷款余额一定比例提取的，用于弥补尚未识别的可能性损失的准备。提取的一般准备作为利润分配处理，并作为所有者权益的一个项目，可计入附属资本，其计提依据是贷款余额。

4. 建立内部风险评控体系

商业银行要从战略高度出发，充分重视内部评级法的建立和实施；同时必须认识到此项工作的艰巨性、复杂性和长期性。应在银行内部成立专业化机构，组织调配各类有效资源，持续和深入开展内部评级体系的研究、设计和开发工作，并对相关的业务流程和决策机制进行必要的改造和完善，使之更加适应现代化风险管理的需要。

实施内部评级法涉及外部资本监管和银行风险内控的方方面面。我国商业银行在该领域的整体水平较低，缺乏相应的组织管理经验。为此，中央监管当局应充分发挥其在金融体系中的权威性和导向性作用，一方面要建立一个专业化的工作机构，使之发挥带动、引导和示范作用，促进国内外银行在内部评级领域的技术交流；另一方面，要积极发挥国内银行间的整体协作优势，组织并利用各银行现有资源，加快推进内部评级体系的建设和应用。监管当局应鼓励有条件的商业银行加快实施内部评级法，同时允许技术实力较弱的中小银行根据其实际情况，先从标准法做起，或由多家中小银行联合开发一套共同版的风险评级系统（即模型结构和数据库基础一致，但参数有所差别）。这样做不仅可在总体上降低系统开发成本，还能发挥中国银行业的后发优势，争取在短时期内缩小与国际先进银行的技术差距。

（三）区域金融的协调发展

1. 实施适度差别的区域金融调控政策

目前我国区域金融的发展不仅存在区域间差异，还存在显著的区域内差异，因此在制定金融发展政策时要考虑地区差异，实施有差别的区域金融发展政策，即在国家基本的金融政策一致的前提下，因地制宜地对不同地区采取有弹性的金融调控政策，消除中西部地区面临的显性或隐性金融政策歧视。

目前货币信贷依然是我国货币传导的重要渠道，不同区域在资金实力、货币投放规模及资金产出率等方面不同，“一刀切”的统一利率政策，会使资金流向利润率较高的东部地区，加剧东部资金的短缺。因此，可对中西部地区系统资金往来利率和期限上施行比东部地区更为宽松的标准，提高吸收存款和扩大贷款的能力，适度扩大西部地区货币供应量，满足中西部地区经济金融发展的资金流动性需求。同时给予中西部地区优惠的存款准备金率、再贴现率等。不同地区金融市场的发育程度及金融工具的多样化水平存在差异，当提高存款准备金率时，欠发达的中西部地区由于金融结构单一、货币市场不发达，在乘数效应的作用下，货币供应量会大幅下降，经济受到严重冲击。再贴现率的调高对中西部地区同样起到很大的货币紧缩效果。经验表明，宽松的货币政策对欠发达地区的效用远小于发达地区，而紧缩的货币政策对欠发达地区的收缩效应却高于发达地区，这意味着在制定政策时对东部地区要适当严一点，对西部地区适当放宽松来调节地区间的政策隐性歧视。

2. **发展区域化的金融机构，优化金融机构布局**

我国经济发展的经验表明，经济越发达的地区金融机构的类型、分支及职能越完备，而广大的欠发达地区金融机构类型单一，国有商业银行占据主要地位。20 世纪 90 年代以后，国有商业银行撤销了大量经营亏损的机构，而这些亏损的机构大部分集中在中西部地区，这使中西部地区的金融发展进一步恶化。政策性银行的支持力度也存在不足，地区性股份制商业银行的业务主要停留在发达的东部地区，缺乏服务于本地区的城市商业银行。这种情形下，政府要担当起社会赋予的责任，通过担保等方式提高中西部地区信用水平，降低银行在这些地区的经营风险，建立服务于该地区的新型机构，吸引东部地区及外资金融机构的进入。

（1）设置地区性政策金融机构

国家政策性银行在支持地方经济建设中起到了重要的作用，但随着市场化进程的加快，政策性银行资金也显示出商业倾向，业务领域也比较集中。国家开发银行主要投资于国家重点建设项目，进出口银行主要集中在国家对外贸易、对外交流方面。可以考虑在政策性银行中设置地区发展部门，设置专门的部门负责中西部地区的金融支持，拨付专门款项用于中西部地区的建设；也有学者呼吁针对特定地区设置专业性的区域政策性金融机构。

（2）吸引股份制银行落户中西部地区

随着银行业股份制改革的进行，原来的地区性股份制银行朝着全国性发展，业务发展也不再单纯地局限在本地区，例如招商银行、浦发银行、兴业银行等业务不仅在纵向的深度上有很大的扩充，在横向上也朝着多地区延伸，出现与四大国有控股银行并驾齐驱的局面。中西部地区可以适时采取一些税收和利率等优惠政策，吸引这些银行在本地区设置分支机构，为本地区提供资金融通，繁荣本地区的发展。

（3）发展城市商业银行

城市商业银行具有经营的灵活性、业务审批程序简便性、对中小企业投融资服务的适应性等特征，成为欠发达地区经济发展的重要推动力。同时在资金吸纳方面，城市商业银行的资金来源地和投放地基本上在同一地区，可以发挥地缘优势和人文优势，抢占市场。同时，金融业本质上就是一个信息行业。在一个竞争性的市场中，各大金融机构都依据自己特有的信息优势生存和发展，而对于服务本地的城市商业银行而言，相关信息的获取更为便捷，特别是一些难以量化、检验的“软信息”。城市商业银行可以根据这些信息评估贷款风险和收益的平衡关系，并加以适当的管理，来降低贷款的风险。通过支持本地经济建设和生活水平的提高，来获得自身的长足发展。

3. 完善区域资本市场

我国的资本市场目前主要还是依靠以银行为中介的货币市场，证券市场近年来虽然有了较快发展，但主要集中在经济较发达的东部地区，而产权市场全国的发展都很缓慢，在市场经济条件下，政府可以适当改变以往的政策方法，均衡发展各大融资市场，适当降低间接融资方式，扩大直接融资市场的规模。

（1）大力发展债券市场

首先扩大企业债券的融资规模，企业债券是以企业信誉为担保发行的，其所凭借的是私人信用，为避免部分风险规避者的不信任，可以引入中介机构，通过抵押、担保、信用等方式，支持发展前景好、营利能力强、资产负债率低的企业发展企业债券。其次，稳步发展市政债券。市政债券最早源于美国，是政府筹集资金的一种重要形式。虽然近年来一些地方政府为筹集基础设施建设资金，也发行了此类债券，但规模相对较小，可见市政债券还有很大的发展空间，政府可以利用这种方式实现资金的跨区转移，来支持西部建设。

（2）进一步扩大股票市场

我国的股票交易所设在东部地区的上海和深圳，对东部地区的发展起到了“虹吸”资金的作用，同时也使中西部资金通过股票市场东流。为避免这种情况的进一步恶化，可以考虑在中西部地区经济发展相对较快的成都或西安设立证券交易所，既活跃了中西部地区的资金市场，又防止了资金的东流，为中西部重大工程建设和各项配套工程筹集所需资金，缩小地区间金融发展差距。

（3）加快建设我国的产权交易市场

通常意义上产权融资的形式包括企业改制、非上市股份有限公司的挂牌流通及其配送股和产权的托管、转让和流通等三种形式。

4. 培育区域性金融中心

区域金融中心是区域金融非均衡发展的结果。金融中心的形成往往需要具备许多条件，例如完善的基础设施、发达的金融体系、健全的金融法律制度和优惠的税收政策及众多的金融及相关人才，从而形成相对于邻近地区更为发达的金融市场和更为便利的金融服务水平，形成金融增长的极点，通过它的集聚效应和扩散效应带动周边地区的共同发展，例如东部地区的以上海、深圳、杭州、南京等城市为中心的区域金融中心，对拉动东部地区的整体发展起到很大的作用。

区域金融中心的形成通常有三种方式，第一种是自下而上的模式，第二种是自上而下的模式，第三种是介于两者之间的混合模式。自下而上的模式是指金融中心的形成是来自区域内部，并非外力的作用，是市场自发选择的结果，是由单一的产业集群催生出金融配套企业集群的过程，经济发展较快地区金融中心的形成往往采用这种方式。自上而下的模式是指由国家或地方政府主导，通过人为规划和政策大力支持，引导金融资本流向金融设施相对较好的地区，再通过金融产业上下游的联系，进一步巩固产业集群的规模和深度，从而形成金融中心，这往往适用于经济尚未达到一定水平的地区，政府为支持该地区发展而采取的方式。混合模式介于自然进化模式和政府建设之间，金融资源的集聚一部分来自经济的发展，一部分来自政府及相关部门的行政指导，它符合经济快速发展的需要，是当代金融中心形成的常见模式。由于不同国家或地区城市的结构、产业集群特点及周边城市发展的水平等的不同，在金融中心的构建中除遵循一般规律外，还要具有自己独有的特色。

我国的西部地区经济发展缓慢，资金基础薄弱，经济对金融的拉动作用微弱，金融业的发展滞后，金融市场不健全，金融工具单一，金融体系不完善，发展水平远落后于东部地区，对这种地区金融中心的形成宜采用自上而下的方式，政府发挥扶持作用，制定区域金融发展政策，完善地区法规，改善投资环境，建立城市集群的核心，吸引金融资源向该地区流动，最终发展成为区域性的金融中心。西部大开发战略的实施充分显示了政府对于建设西部地区的重视，西安作为西部地区经济发展的核心城市，中央政府加大扶持的力度，地方政府积极配合，创造良好的经济环境，充分发挥西安区位优势和基础设施优势，把西安打造成为西部地区的金融中心，通过它的辐射带动作用拉动整个西部地区的共同发展。

中部地区经济的发展水平介于东部地区和西部地区之间，金融市场已初具规模，金融体系也处于不断完善中，但金融结构依然沿用传统的布局，金融创新意识还不强烈，完全靠市场自发的力量形成金融集群，还需要一段较长的时间和曲折的路程。此时，政府可以通过适当的政策倾斜，为地区发展提供便利，积极引导金融机构的利益和行为，通过政策弥补市场的缺陷，促进金融体系的健康发展，在政府和市场力量的共同作用下，以混合模式形成中部地区的金融中心，建立中部地区金融产业发展集群。

5. 促进区域金融生态环境建设

要保证区域金融的持续健康发展，金融生态环境的优劣至关重要。因此，政府除了对区域的资金政策支持外，还要把支持的重点放在主动地、超前性地改善金融生态环境上，减少金融机构在债权保全、资产处置、不良资产处置等方面的成本。加强生态环境建设可以从以下方面入手。

（1）加强信用环境建设

在现代市场经济条件下，信用是金融赖以生存的基础，金融信用也构成了社会信用的重要组成部分，良好的金融信用环境是防范和化解金融风险的必要条件。政府可以从以下几个方面加强区域金融信用环境建设。

①完善社会征信体系。中国人民银行联合工商、税务、司法等各大部门，通过信息网络技术将数据链接起来，实现信用信息共享。同时支持中介机构加入征信系统的建设中，以市场化的方式提供完善的金融信用服务，促进经济健康发展，金融业的安全运营。

②加大对失信行为的制裁和打击力度，使失信者的成本远大于收益，从经济利益上遏制失信的动力。

③建立良好的政府信用。政府在行使相关职能和干预金融活动中也涉及自身信用问题，它是社会信用体系的重要组成部分，对社会信用体系的建设起到导向和示范作用。

（2）加大金融文化环境建设

金融文化是内生的金融发展过程，伴随着金融的发展而前进，是金融业长期繁荣的精神动力，在金融机构管理中起着重要的作用，它有利于规范金融机构从业人员的行为，是一种以感情为基础的非正式控制，能使员工自觉地将个人目标统一到银行目标中，创造一个积极、主动、和谐的银行内部人文环境，提高金融机构整体的工作效率。建设金融企业文化，首先要加强金融企业的制度文化建设，因为金融业相对于其他行业风险较大，金融业的各种制度和规范比其他行业更加复杂，所以金融企业内部制度文化建设至关重要。其次，金融机构还要适时推进人事、财务、职业道德等方面的建设，使金融机构的新型价值观念深入每个员工心中，培育金融机构独有的企业文化。

（3）加强法治环境建设

发达国家的金融发展经验表明，市场游戏规则的遵守需要健全的法律来维护，使每个市场参与者能按规则参与，即做到公平竞争，才能创造健康的金融发展环境。继《中华人民共和国中国人民银行法》和《中华人民共和国商业银行法》颁布以来，国务院和中央银行颁布了多部与银行相关的法律、法规、规章、通知和指南，但是金融机构违规经营、企业逃债赖债、各种金融欺骗等违法行为还是时有发生，说明我们的法治建设还不够完善，还需要加大金融法规的宣传力度，使每个公民都自觉地学法、用法、守法。

二、完善金融法律法规建设

强化金融法治建设，健全相应的法律法规，实行金融机构依法行政。实行依法行政的根本目的是加强金融行业运行的安全性和提高金融业运行效率。因此，在制定法律法规时，要始终考虑安全和效率两个因素，务必确保稳定的市场环境，促进金融行业的发展，提高抗风险能力。此外，随着市场环境的不断变化，也要修订相关的法律法规，使法律法规始终为金融行业有效服务。

（一）金融机构法律监管

1. 金融机构法律监管定义

金融机构法律监管，简称金融监管，是一国金融监管当局为实现宏观经济和金融目标，依据法律法规对银行金融机构和其他非银行金融机构及其金融活动实施监督管理的总称。金融机构法律监管是伴随着金融机构危机的局部和整体爆发而产生的一种以保证金融体系的稳定、安全及确保存款人利益的法律制度安排，它是在金融市场失灵（如脆弱性、外部性、不对称信息及垄断等）的情况下而从法治层面上纠正市场失灵的金融管理制度之一。它作为政府提供的一种纠正市场失灵现象的金融制度安排，目的是最大限度地提高金融体系的效率和稳定性。一国的金融监管体制从根本上是由本国的政治经济体制和金融发展状况所决定的，判断一国金融监管体制有效与否，关键在于它能否保证该国金融体系的安全运行和能否适应该国金融业的发展水平。

当代金融监管呈现出以下特征。

（1）金融创新和金融监管并重

金融创新一方面反映了市场对金融服务的新需求，另一方面也给市场带来了新的风险，这就给金融监管提出了新的挑战。

（2）金融监管注重成本—效益观念

传统金融监管忽视对监管成本的衡量，往往容易夸大监管的收益而低估监管的成本，而当代金融监管收入经济学分析，对各项监管措施的成本—效益进行量化，这样既贯彻了监管效益最大化原则，也体现了对市场机制的遵循。

（3）金融监管强调技术性、科学性

随着计算机信息系统、经济计量模型、信用评级制度及市场纠错退出机制等各种技术和方法不断运用到各国金融监管之中，金融监管的技术性和科学性日益增强。

（4）全球金融监管框架初步建立

金融市场全球化导致金融风险在国家间相互转移扩散的趋势不断增强，加强金融监管的国际合作，构建全球金融监管框架迫在眉睫。一些国际性金融组织在全球金融监管合作方面发挥着越来越大的作用，得到了国际金融业和各国监管当局的普遍接受和运用。

2. 金融机构法律监管的目标

金融机构法律监管的目标一般有三个：①防范和化解金融风险，维护金融体系的稳定与安全；②保护公平竞争和提高金融效率，从而保障金融业的稳健运行和货币政策的有效实施；③保护广大公众投资者的利益，这也是法律监管的终极目的。

（1）维护金融体系安全与稳定的目标

一般认为，金融监管是伴随着银行危机的局部和整体爆发而产生的一种以保证金融体系的稳定、安全及确保存款人利益的制度安排。金融业与其他经济部门相比有其自身的特殊性。在现代市场经济条件下，金融市场有着比其他市场更高的风险性。

第一，金融市场的参与者成分复杂。市场容易出现的欺诈、垄断和不合程序的内幕交易，市场的参与者包括债权人、中小股东等广大投资者，其合法权益容易受到侵害。

第二，金融业是高负债行业，在经营过程中面临着诸多风险，其中任何一项风险都会对金融机构的经营成败产生重大影响，但是金融机构为了追逐高额利润，往往盲目扩张资产导致资产状况恶化。

第三，金融风险具有很强的传染性，是系统性风险非常高的行业。一家银行或几家银行出现危机会迅速波及其他银行形成整个金融业的危机，并危及社会经济的健康发展。正是由于金融市场具有以上诸多的行业高风险性，金融监管就显得格外重要，同时也决定了金融监管所追求的价值之一是金融安全。

（2）提高金融效率的目标

金融市场作为市场机制，具有一定的自发性和盲目性，能否具有较高的效率，需要进行监督和管理及必要的引导、干预和调控。金融监管正是在金融市场失灵的情况下由政府或社会提供的试图以一种有效的方式纠正市场失灵的金融管理制度。金融市场失灵主要是指金融市场对资源配置的无效率，主要针对金融市场配置资源所导致的垄断或者寡头垄断，规模不经济及外部性等问题。研究表明，金融监管的目标是金融体系的社会福利最大化。由此，金融监管所追求的恰恰是金融稳定基础上的金融效率。

（3）保护公众利益的目标

保护公众利益是监管的最终极目标。安全和效率目标的实现，是为了维护市场的公开、公平、公正，使市场健康运行，公众能够得到完全信息，在信息链上处于有利地位。金融业是以信用为基础的行业，存款人、投资者和其他社会公众对金融业的信心是其实现可持续发展的重要保证，但由于金融业存在信息不对称现象，存款人、投资者和其他社会公众的利益容易被侵犯，确立此项原则有利于降低金融业的道德风险和系统风险。政府对金融市场的监管不仅可以减少不利选择和道德伤害情况的发生，而且可以通过给投资者提供更多的信息来提高市场效率。金融监管的三个目标之间是相辅相成、紧密联系的，在实践中不能顾此失彼。

（二）完善我国金融法治建设的策略

1. 金融开放要与金融监管同步进行

在经济全球化的大趋势下，既要看到国际资本流动为经济和社会的发展所作出的积极贡献，也要看到由此而形成的挑战和风险。必须强调：我国在加强金融开放立法的同时，亦要注意研究如何加强金融监管的立法。金融监管就是用法律的变化来管理变化的市场。在加强金融开放与监管立法的同时，要加强对国际金融资本流动的监管，提高对金融风险的预测、防范和救助能力。

总之，金融对外开放要同本国经济发展水平和金融业发展水平、经济改革和金融改革深化程度、宏观调控能力和监管能力等水平相适应。任何超越或严重滞后都不利于本国经济和金融业的发展。

2. 完善信息披露制度和增加金融决策的透明度

透明度原则是国际金融交易中的一个重要法律原则。金融透明度或信息披露，是指根据法律规定，公开与金融交易有关的重大事项的一种法律制度。建议加强对金融透明度和信息披露制度的研究，并加强以下的工作：①根据我国国情，以法律的形式进一步明确规定有关金融活动信息披露的义务人、信息披露的内容和形式、信息披露的原则和标准，以进一步加强我国的信息披露制度；②从立法上明确规定不披露的信息，如公开会违反社会公共利益、法律法规保护并允许不予披露的商业秘密、内幕信息和敏感性信息等。

3. 普及金融法律知识，增强金融法治意识

各级党政领导干部和广大企业领导都要学一些金融基本知识和金融法律知识，加深对

金融工作、金融法规和金融政策的了解，提高运用和驾驭金融手段的本领，学会运用法律手段管理经济，增强维护金融秩序的自觉性和防范金融风险的能力。要把是否掌握金融法律知识、具备金融法治观念作为金融系统干部和金融从业人员的必备素质。在加强金融法治意识的过程中，要重视全社会信用观念的建立。要加强公众和投资者的风险防范意识和合法投资观念，从而为金融业的健康发展创造一个良好的法治环境。

三、积极利用现代信息技术

现代信息技术不断更新换代，互联网已渗入生活的方方面面，成为最广泛的信息传播渠道。要紧跟时代潮流，把互联网技术充分应用到金融市场中，将银行与电子市场行业联合起来，扩展金融货币的流通渠道，从而提高银行业的抗风险能力。

（一）信息化技术的内涵及其优势

信息化技术是伴随着互联网技术而迅速发展起来的，是将异地分布的计算资源、数据库资源、存储资源等各种资源充分利用起来，协同解决复杂的大规模问题，特别是解决仅靠本地资源无法解决的复杂问题，是专门针对复杂科学计算的新型计算模式。

信息化技术有两个优势：一个是数据处理能力强；另一个是能充分利用网上的闲置资源。随着互联网的普及和高速网络成本的大幅度降低以及传统计算方式和计算机使用方式的改变，信息化技术已经逐渐成为超级计算和资源共享发展的一个重要方向。它以大力度资源共享、高性能计算和创新性应用为主要特征，通过合理调度，不同机构的计算环境被综合利用和共享，实现了使用一台超级网络链接来处理某一课题的功能，而且减少和避免了对自身设备的购买和升级。

（二）信息化技术实现金融信息化

1. 金融信息化的定义

金融信息化是指信息技术广泛应用于金融领域，从而引起金融理论与实务发生根本性、革命性变革的过程。金融信息化是构建在由通信网络、计算机、信息资源和人力资源四要素组成的国家信息基础框架之上，由具有统一技术标准，通过不同速率传送数据、语音、图形图像、视频影像的综合信息网络，将具备智能交换和增值服务的多种以计算机为主的金融信息系统互联在一起，创造金融经营、管理、服务新模式的系统工程。

2. 金融信息化的影响

（1）金融信息化对金融机构的影响

①带来金融机构形态的虚拟化。所谓虚拟化是指金融机构日益通过网络化的虚拟方式在线开展业务，其客户直接在办公室、家里甚至旅行途中获得金融机构提供的各类服务，因此金融机构不再需要大量的有形营业场所和巨额的固定资产投资。全新的网络银行正借助互联网技术，通过计算机网络及其终端为客户提供金融服务。

②对金融机构经营方式和组织结构的影响。金融信息化导致金融机构经营方式的巨大变化，信息技术的广泛应用正在改变着支付与结算、资金融通与转移、风险管理、信息查询等银行基本功能的实现方式。金融机构将传统的专用信息网络拓展到公共网络，电子货币、网络货币等数字化货币的应用使以支票和现金为主的支付结算、资金转移方式正在趋向无现金的方式转化，各种信用卡、数字钱包得到了广泛应用；实时在线的网络服务系统能为客户提供全时空、个性化、安全快捷的金融服务；基于信息技术的各种风险管理与决策系统正在取代传统落后的风险管理方式，大大提高了工作效率和准确性；新金融产品和服务的开发也在迅速加快。

适应经营方式的变化，金融机构的组织结构也在发生深刻变化。建立在传统银行经营模式基础上的组织形式——基于分支行的组织结构已经无法适应新的经营方式。围绕客户的消费行为和需求，传统银行正进行新的结构设计，借助于信息技术重构其组织形式。新兴的网络银行完全摆脱了传统银行的组织结构，几乎找不到传统银行的结构特征。总之，金融信息化的作用将从提高金融业务的自动化程度，发展到对金融业经营方式和组织结构的深刻改变。

（2）金融信息化对金融市场的影响

①促进金融市场一体化。随着世界经济一体化和全球信息网络的发展，各国金融市场日益联结成一个统一整体，金融信息化的深入发展为金融市场一体化奠定了坚实基础。一方面，金融信息化大大提高了相关信息的收集、处理、存储和发布的能力，成为金融市场交易物质和技术的基础。另一方面，互联网日益成为世界金融市场运作的中枢，低成本的网络交易将逐步替代传统的交易方式，投资者无论身处何地，都可以上网同步进行金融交易，全球金融市场被更紧密地联系起来。

②加速国际资本流动。网络技术促进了全球金融市场的形成，国际资本流动的空间屏障被打开。信息技术使资本流动速度大大加快，也扩大了资金流动的总量，全球金融网络上跨国银行业务、国际证券交易、外汇交易急剧增长。

（三）信息化技术下的互联网金融

1. 互联网金融

“开放、平等、协作、分享”一直以来是互联网所推崇的价值，当前这种价值精神已经逐渐渗入到金融业中，改变了传统金融业在人们心中的形象，并由此产生了崭新的服务形态。当前，由于学术界还没有对互联网金融形成统一的认识，对于互联网金融的概念还没有确定。笔者认为，互联网金融作为一个崭新时代的崭新领域，作为金融和互联网的融合，它是能够充分利用互联网技术和网络通信技术以及其他相关科技的金融模式。从宽泛的角度上来理解，互联网金融不单单是指传统商业银行业务的“上线”，更重要的是还衍生出了一大批方便快捷的相关服务，比如第三方支付等金融产品。从狭义的角度来讲，互联网金融就是依靠互联网的金融模式、金融业务，而且这种业务往往不是由金融业推出的，而是由互联网企业，尤其是电子商务企业推出的。互联网金融具有以下两点特征。

①操作简单，支付便捷，服务成本低。互联网金融操作简单方便，有业务需要办理时，客户不需要跑各大银行的物理营业网点排队办理，只需一部智能手机，便可以在任何时间、任何地点通过互联网来办理自己所需的业务。这样，客户节省了人力和物力，省去了传统银行的大量营业网点的服务费用，金融机构也可以通过减少营业网点进而节省资金投入和运营成本，极大地降低了成本。

②透明度高，用户庞大。互联网金融企业手中握有大量有关客户的信息，这些信息主要来源于客户的日常生活。通过客户在互联网上的交易活动，互联网金融企业得到有关客户的消费偏好、消费的资信额度等信息，并记录下来，最后形成庞大的客户信息数据库，互联网企业通过所组建的客户信息数据库，就能更好地掌握客户的情况，有效地降低了互联网企业和客户之间信息不对称程度，大大提高了互联网金融企业与众多客户的信息透明度。

此外，根据金融业“二八定律”，各大银行80%的利润来源于20%的客户，即传统银行主要服务于大企业和政府部门，长期忽视了中小型企业的融资问题。而互联网金融企业不是完全依赖企业的财务指标，而是根据互联网企业所组建的客户信息数据库分析得出客户的信用评级，这样无论企业大小，均有机会获得贷款。根据“长尾理论”，只要产品的存储和流通的渠道足够大，需求不高的商品的市场份额甚至可以和畅销品的市场份额相提并论，甚至毫不逊色，即此前无法享受传统金融服务的中小企业足以汇聚成与大企业相匹敌的群体。

2. 互联网金融创新模式

（1）第三方支付

第三方支付是指具备一定实力和信誉保障的非银行机构，借助通信、计算机和信息安全技术，采用同多家银行等金融机构签约的形式，进而将客户和银行的支付结算系统间建立连接的电子支付模式。第三方支付主要可分为三大类。第一类是以支付宝、财付通为主导的互联网型支付企业，这种类型的企业被称为互联网型支付企业。第二类是以银联商务、快钱、汇付天下、易宝、拉卡拉等为首的金融型支付企业，这些企业侧重于开发行业应用和满足客户需求，这种类型的企业为金融型支付企业。第三类是以非金融机构的第三方支付为信用中介，与中外多个银行签约，具备强大的实力及可靠的信用保障，是在银行的监管下保证交易双方利益的独立机构，在消费者与银行之间建立一个某种形式的数据交换和信息确认的支付流程。

（2）信息化金融机构

信息化金融机构主要是指在互联网金融大背景下，通过广泛运用以互联网为代表的信息技术，对传统营运流程、产品服务等进行重构或改进，从而实现营运、管理等全方位信息化的银行、证券及保险等金融机构。互联网金融时代，信息化金融机构的运营模式相对于传统金融机构运营模式有显著不同。信息化金融机构运营模式主要分为三大类：传统金融业务电子化模式、基于互联网的创新金融服务模式、金融电商模式。

（3）互联网金融门户

互联网金融门户是指在互联网平台上销售金融产品以及利用互联网技术为金融衍生产品提供第三方服务平台。它的内核即“搜索”加“比价”。通过将产品进行垂直比较的分析方式，将各家金融机构的产品放在平台上，使用户根据自身情况选择合适的金融产品。

（4）大数据金融

大数据金融主要以云计算为技术基础，通过进行海量的数据收集，并且进一步深入分析，从而为互联网金融机构提供客户各方面、全方位的信息。如通过深层挖掘和分析客户平时的交易信息从而了解用户的消费嗜好，并大大提升了预测客户行为的准确度，让金融机构和金融服务平台在营销方面和风险控制方面都更加游刃有余。

四、加强风险评估，完善金融风险的防范机制

通过全面的金融评估报告和市场调查加强金融风险评估，对相关金融机构的运行状况进行准确识别，针对高风险的市场变化建立健全应急处理机制，通过事前预警体系的建设来缩小金融风险的影响范围，有效地控制金融风险，为有力管控现代金融风险提供良好的

制度基础，从而保证金融经济稳定高速发展。

（一）我国金融风险综合评价方法的选取

1. 指标赋权的意义及原则

金融风险统计监测指标体系含有多个具体指标，每个指标在综合评价中的重要程度不同，在综合评价中必须给每个指标赋权。赋权是金融风险统计工作的重要内容和关键环节，每个指标的权重是否合理，直接影响到金融风险统计监测与评价工作的质量。制定金融风险统计监测与评价指标的权数要突出重点，考虑指标的反映力度，使真正的金融风险状况得以体现。因此，在给指标赋权时应遵循以下原则。

（1）导向性原则

各指标权数的大小，关系到被评价单位对金融风险各方面状况的重视程度，因此要根据当前金融各行业的战略目标和工作重点来突出相应指标，给予较大的权重，以引导各主体加强该方面的工作取得更大的成效。

（2）突出重点，兼顾一般的原则

金融风险统计监测与评价指标体系是若干个相互联系的指标的集合，每个指标在监测与评价指标体系中的重要程度不等，给每个指标赋权时，必须根据监测总目标，将评价指标体系内指标区分为关键指标和次要指标，对反映金融风险监测本质特征的指标应赋予较大的权数，对反映次要方面或者说非本质特征的指标应赋予较小的权数。

（3）科学性原则

指标的赋权科学首先表现在赋权方法要科学。制定权数方法有许多种，如层次分析法、主成分分析法、专家赋权法等，在给指标赋权时必须根据研究对象的特点，有选择地加以应用。其次赋权的科学性还表现在：对于指标数值准确可靠的指标一般应赋予较大的权数，反之赋予较小的权重。

2. 指标赋权的方法

（1）德尔菲法

德尔菲法又称专家咨询法。该方法通过征求社会、经济、高校、国外等各方面的专家意见，将专家提供的权数意见经多次统计处理，直到专家赋权比较协调的情况下，得到指标的适宜权数。它是主观赋权法。

（2）主成分分析法

它是定量赋权法。某一种现象数量的变化往往受许多因素的影响。分析这些影响因素时，人们可以列出大量的指标或数据。由多指标进行综合评价时，要以各指标的总变差来说明被评价对象在多项指标形成的多维空间中的相对地位。

（二）指标体系的建立

1. 指标选取原则

为了使金融风险的统计监测能综合地反映我国金融风险的总体状况和程度，在构造金融风险统计监测指标体系时，必须遵循以下几条原则。

（1）目的性原则

指标体系应是对监测与评价对象的本质特征、结构及其构成要素的客观描述，应为监测与评价活动的目的服务。针对监测与评价任务的需求，指标体系应能够支撑更高层的评估准则，为评价结果的判定提供依据。衡量指标体系是否合理有效的一个重要标准是看它是否满足了监测与评价的目的。

（2）科学性原则

指标体系的科学性是确保监测与评价结果准确合理的基础，一项监测与评价活动是否科学很大程度上依赖其指标、标准、程序等方法是否科学。指标体系的科学性主要是指以下几个方面。

①代表性强。金融风险的引发是多方面因素共同造成的，我们在模型中不可能把所有影响因素都涵盖，而只能选取各方面的代表性指标来衡量各自方面的金融形势的变化，这就要求选取的指标代表性强、客观、全面。

②准确一致性。指标的概念要准确，含义要清晰，尽可能避免或减少主观判断，对于难以量化的评价因素应采用定性与定量相结合的方法来设置指标。指标体系内部各指标之间应协调统一，指标体系的层次和结构应合理。

③完备性。指标体系应围绕监测与评价目的，全面反映金融风险的方方面面，不能遗漏重要方面或有所偏颇。否则，评价结果就不能真实、全面地反映被监测对象的金融风险状况。

④独立性。指标体系中各指标之间不应有很强的相关性，不应出现过多的信息包容、涵盖而使指标有所重叠。

⑤灵敏度。所选取的指标数值上的细微变化就能敏感地反映金融形势的变化，而金融形势的细微变化也能在这些指标的变化中得到体现。

（3）适应性原则

指标体系的设计应考虑现实的可能性，指标体系应适应监测与评价的方式，适应监测与评价活动对时间、成本的限制，适应指标使用者对指标的理解接受程度和判断能力。指标体系的实用性又可分为以下几个方面。

①简明精练。一套指标体系可能包含许多指标，如何把一些简单精练而又说明问题本质的指标提炼出来，这是一项非常重要而又需要许多理论研究和实践经验的工作。指标是对原始信息的提炼与转化，指标不宜过于烦琐，个数不宜过多。同时，指标的精练可减少监测与评价的时间和成本，便于操作。

②易于理解。在监测与评价过程和评价结果使用中往往涉及多方面的人员，如评价者、咨询专家、管理者、决策者和公共使用者，指标应易于理解，以保证评价判定及其结果交流的准确性和高效性。

③稳定一致。在满足监测与评价目的的前提下，应尽可能采用相对成熟和公认的指标，与国内外相关方面的工作相衔接，以便于评价结果的比较与应用。

④可操作性。所选取的各个指标都应该能够快捷、方便、低廉地收集到相对准确、可靠的指标值。

2. 我国金融风险评价的指标体系构建

不同类型的金融风险，在经济危害的发生过程、引发原因等方面均有很大的差别。在选取反映金融风险的指标时，我们充分吸收了国内外相关的研究成果。在此基础上，结合我国金融风险的特殊性和数据取得的可能性，遵循指标体系小而精的原则，共选择了八个方面，31 项指标。

（1）评价宏观经济总体态势的指标

金融风险的危害与宏观经济是否健康运行有着密切的关系，因此在金融风险的评价指标体系中，必须把这方面的情况反映出来。评价宏观经济总体态势选取经济增长率、通货膨胀率、失业率三个指标来反映。

（2）评价经济结构的指标

经济结构是否合理，第一、第二、第三产业的比重是否失调，是影响金融风险的重要指标。选取农业增加值/GDP、工业增加值/GDP、服务业增加值/GDP 三个指标来衡量经济结构。

（3）评价对外贸易类风险的指标

首先，汇率水平可用经常项目赤字与 GDP 的比例来衡量；其次，外债偿还能力可用外债总额与 GDP 比例来评估；最后，应对突发事件的能力可用外汇储备支持进口的月数来衡量。因此，选用经常项目赤字/GDP、出口/GDP、劳动对经济增长的贡献率、资本对经济增长的贡献率、全要素生产率（技术进步率）、外汇储备/月平均进口额六个指标来反映对外贸易风险。

（4）金融类风险

这类风险的大小主要取决于债务的总体水平及偿还能力。选取负债率、债务率、偿债率、短期外债/总外债、内债/GDP、内债/财政收入、债务依存度七个指标来衡量。

（5）货币类风险

此处选取 M1 增长率、M2 增长率及 M2/外汇储备三个指标。

（6）财政类风险

政府对经济的调控能力一般由财政收入/GDP 来表示。因此，在这类风险中，选取财政收入/GDP、财政赤字、财政收支平衡指数三个指标来衡量。

（7）银行信贷类风险

此类风险大小主要取决于银行资产质量的高低和银行的抗风险能力。在此我们选取储蓄存款稳定率、储蓄存款巩固率、贷款净回收率三个指标来反映。

（8）评价经济泡沫成分的风险指标

经济泡沫主要是指股市泡沫，而股市泡沫的大小取决于股票价格偏高的程度和股票流通市值的大小，可用股市价格指数（上证年底收盘）、投资回报率、房地产空置率三个指标来衡量。

第四章 金融审计的基本原理

第一节 金融审计概述

金融审计的概念

（一）金融审计的含义

金融审计是由专职机构和人员，采用专门方法，依法对金融机构的各项业务及财务收支活动的合法性、合规性、真实性和效益性等进行审查、评价，以加强金融宏观调控和管理，促进金融事业健康发展的经济监督管理活动。

金融审计主要包括以下五个基本要点。

1. 金融审计主体

执行审计的一方称为金融审计主体。金融审计主体是指专职机构或专业审计人员。金融审计人员不仅在形式上而且在实质上必须保持独立的态度。

2. 金融审计客体

接受审计的一方称为金融审计客体，具体指特定金融经济实体。执行审计时，审计的范围一定要明确。在大多数情况下，特定金融经济实体与法人实体一致，比如商业银行、证券公司、保险公司等。但在某些情况下，经济实体也可能是金融机构中的一个部门甚至是个人。

3. 金融审计方法

金融审计的基本方法是收集、评价证据。收集充分、有力的审计证据是审计工作的核心。从一定意义上讲，审计就是有目的、有计划地收集、评价证据的过程。

4. 金融审计依据

金融审计依据是既定标准，包括国家的法律、法规、金融政策、会计准则等。而确定特定经济实体的可计量信息与既定标准的符合程度并向利益相关者报告，是审计目标的内容。

5. 金融审计目标

金融审计目标是审查、评价金融机构的各项业务及财务收支活动的合法性、合规性、真实性和效益性等。

（二）金融审计的职能

金融审计与一般审计相同，具有三方面的职能：经济监督、经济鉴证、经济评价。

1. 经济监督职能

经济监督职能，是指通过审计，监察和督促被审计金融机构的经济活动在规定的范围内是否沿着正常轨道健康运行；监察和督促有关经济责任人履行经济责任情况，借以揭露违法、违纪，稽查损失浪费，查明错误弊端，判断管理缺陷进而追究经济责任。经济监督是审计的基本职能，不仅国家审计具有经济监督职能，社会审计和内部审计也都具有经济监督职能。

2. 经济鉴证职能

经济鉴证职能，是指审计机构和审计人员对被审计金融机构的会计报表及其他经济资料进行检查和验证，确定其财务状况和经营成果是否真实、公允、合法、合规，并出具书面证明，以便为审计的授权人或委托人提供确切的信息，并取信于社会公众的一种职能。审计的经济鉴证职能，包括鉴定和证明两个方面。

3. 经济评价职能

经济评价职能，是指审计机构和审计人员对被审计金融机构的经济资料及经济活动进行审查，并依据一定的标准对所查明的事实进行分析和判断，肯定成绩，指出问题，总结经验，寻求改善管理、提高效率和效益的途径。审计的经济评价职能，包括评定和建议两个方面。评价的过程，也是肯定成绩、发现问题的过程，其建议往往是根据存在的问题提出的，以利于被审计金融公司克服缺点、纠正错误、改进工作。

（三）金融审计的特点

金融审计具有独立性、综合性、系统性、延伸性等特点。

1. 独立性

金融审计独立性是指审计人员的独立地位和客观公正立场。金融审计在机构设置或者业务领导方面都有较强的独立性。金融审计机构既是金融业的一个组成部分，又独立于其他行政业务部门，依法独立行使审计监督权，不受其他行政机关和个人的干扰。金融审计是自上而下地建立独立审计机构，配备专职审计人员，实行总审计制度，独立地行使审计核查职权。金融审计人员在行使审计监督权时，必须站在公正、中立的第三方的立场上，坚持原则，依法进行审核、核查，对被审计对象作出客观、公平的评价，确定或解除被审计者的经济责任甚至法律责任。

2. 综合性

凡是国家银行、商业银行、保险公司、债券公司、信托投资公司以及其他从事金融活动的银行或非银行金融机构及其人员，均属审计对象。银行、保险公司、债券公司等金融机构的经营活动深入社会生产的各个领域，对象多、范围广、内容多，一切企业的经济活动乃至整个国民经济的资金运动，都要在金融机构业务活动中反映出来，使金融机构成为国民经济的综合机构。因此，对金融机构业务进行审计，要综合地了解、分析各方面情况，要求审计人员相应地具有较为全面的知识和较强的分析能力。

3. 系统性

金融机构内部的主要规章制度、业务规则等都是由各自总行（总公司）根据国务院金融法规制定的，并在全系统贯彻执行，在基层单位发现的业务方面的问题，往往可以在上级单位找到原因，也可以在同级单位找到相同的问题；金融机构的人、财、物和各项业务活动都是按系统垂直领导和统一管理的。可以说，金融机构出现的问题一般都具有系统性。因此，金融审计具有系统性的特点。

4. 延伸性

金融机构的业务活动是多层次、连续进行的，因此，金融审计只有延伸到彼此相联系的金融业务和有关的国民经济活动的全过程中才能发现问题。例如，在审计基层专业银行贷款的合法性、安全性和效益性时，如果仅仅审计经办银行就具有一定的局限性，由于企业贷款用于生产和商品流转，是与供、产、销、购、存、调等物资运动紧密结合的，因此，对逾期贷款和风险程度等的考核，往往要延伸到借款单位去实地抽查，才能找出贷款被挤占挪用、超储积压而形成呆账损失的数量和原因。即金融审计不仅对被审计金融机构自身的业务和财务活动进行监督，而且要对客户（主要指借款人）的供、产、销过程进行监督。因此，金融审计具有延伸性。

二、金融审计目标

审计目标是指在一定历史环境下，人们通过审计实践活动所期望达到的境地或最终结果。金融审计目标是审计目标在金融行业的体现，是根据金融行业的特点归纳而成的。

（一）总体目标

金融审计总体目标是通过执行审计工作，对金融机构各项业务、财务收支活动及其经济效益的合法性和公允性发表审计意见，保护资产所有者的利益，维护正常的金融秩序，保障国家金融法规、方针、政策的贯彻落实，保持币值稳定和金融体系安全、有效地运行。

（二）具体目标

具体目标是总目标进一步具体化。金融审计具体目标是根据被审计金融机构管理当局认定和审计总目标来确定的。一般来说，金融审计具体目标包括：合法性、合规性、真实性、准确性、完整性、安全性、效益性。

1. 合法性

合法性是指金融机构的各种经济活动是否符合国家法律、法规、政策的规定，各项业务是否符合银行法、保险法、票据法、证券法、宏观调控政策、货币政策、信贷政策等相关规定，有无违法现象。通过金融审计，发现和纠正偏离法规政策的现象，揭露和打击违法犯罪活动，保证法规政策的贯彻执行和维护正常的金融秩序。

2. 合规性

合规性是指金融机构的各种经济活动是否符合国家有关规章制度和财经纪律的规定，是否遵守金融财会制度和财经纪律、结算制度、信贷制度和信贷纪律，有无违规、违纪的现象。通过金融审计，发现和纠正偏离规章制度和财经纪律的现象，保证规章制度、金融纪律的贯彻执行。

3. 真实性

真实性是指金融机构的各种经济活动是否客观存在，各种经济资料是否公允地表达了客观存在的各种经济活动，有无弄虚作假的情况。例如，金融资产、负债和查处负债和损益是否客观真实，记录的资料是否与经济活动中客观存在的情况相一致等。通过金融审计，发现和纠正不真实情况，纠正弄虚作假的行为，以确保经济活动和经济资料的客观公允性。

4. 准确性

准确性是指反映金融机构各种经济活动的经济资料、记录是否准确无误、有无错弊。

例如，各种凭证、账簿、报表的平衡关系、钩稽关系是否准确恰当。通过金融审计，发现和纠正技术上的差错，纠正和查处舞弊行为，以确保经济资料、记录的准确性。

5. **完整性**

完整性是指反映金融机构各种经济活动的经济资料、记录是否完整、有无遗漏，发生的经济事项是否均已包括在内。通过金融审计，发现和纠正漏记差错，防止低估情形，确保经济资料、记录的完整。

6. **安全性**

安全性是指金融机构的各种资产是否安全。例如，现金资产有无被犯罪分子诈骗、抢劫和盗窃的可能性；贷款、证券投资等是否存在风险。通过金融资产审计，揭露和纠正偏差及犯罪活动，控制和减少风险，防止和打击犯罪活动，保证金融资产安全、完整，保护资产所有者利益，促进资产业务稳健经营。

7. **效益性**

效益性是指金融机构的各种业务活动是否合理，收入支出是否匹配，各项资产是否充分发挥作用。通过金融审计，发现和改进运作思路和方法，促进金融机构健康成长。

三、金融审计分类

审计的种类可从不同角度，按各种标准进行划分。研究审计类别有助于从各个不同角度加深对审计的认识。金融审计分类与一般审计分类基本相同，由于金融业务的特殊性，金融审计分类又有其自身的特点。

（一）一般审计分类

1. **按审计主体分类**

按审计主体，可以将审计划分为政府审计、审计人员审计和内部审计。

（1）政府审计

政府审计是由政府审计机关依法进行的审计，在我国一般称为国家审计。我国国家审计机关包括国务院设置的审计署及其派出机构和地方各级人民政府设置的审计厅（局）两个层次。国家审计机关依法独立行使审计监督权，对国务院各部门和地方人民政府、国家财政金融机构、国有企事业单位以及其他拥有国有资产的单位的各项业务及财政、财务收支及其经济活动的合法性、合规性、公允性和效益性等进行审计监督。政府审计侧重于合法性和合规性的审计。

政府审计的主要特点是法定性和强制性。拥有和管理国有资产的金融机构，都必须依法接受政府审计。

（2）审计人员审计

审计人员审计，又称民间审计，是指由审计单位所实施的审计。审计单位是审计人员依法成立的组织。会计师事务所根据承办业务双方签订的审计业务约定书，对被审计金融公司的业务活动、财务报表及其有关资料进行独立审查和鉴证，并出具审计报告。审计人员审计侧重于公允性的审计。

审计人员审计的主要特点是双向独立性、受托性和有偿性。

（3）内部审计

内部审计是指由本系统或本单位内部专门的审计机构和人员对单位内部收支和经济活动实施的独立审查和评价，审计结果向本系统或本单位主要负责人报告。其目的在于帮助本单位健全内部控制，改善经营管理，提高经济效益。内部审计侧重于效率、效益性的审计。内部审计的主要特点是具有内向性、广泛性和及时性。

2. 按审计内容分类

按审计的内容，可以将审计划分为财政财务审计、财经法纪审计和经济效益审计。

（1）财政财务审计

财政财务审计是指对被审计金融公司财政财务收支活动进行的审计。其目的是检查财政财务收支的真实性、合法性和合规性。其中，财政审计是指由国家审计机关对本级财政预算执行情况、下级政府财政预算执行情况和决算以及预算外资金的管理和使用情况的真实性、合法性所进行的审计监督；财务审计是指由国家审计机关、内部审计机构和社会审计组织对各级政府部门、金融机构、企事业单位的财务收支及有关经济活动的真实性、合法性所进行的审计监督。

（2）财经法纪审计

财经法纪审计是指国家审计机关和内部审计部门对某单位严重违反财经法纪的行为进行的专项审计。对被审计金融公司的一般经济舞弊行为，可在财政财务审计中进行审查并提出审计意见，但是对于金额大、情节严重、使国有资产遭受严重损失以及严重危害社会经济建设或对社会风气造成恶劣影响的违法行为，则需要专门立案审计。这种立案审计的项目属于财经法纪审计。

（3）经济效益审计

经济效益审计是指由审计机构对被审计金融公司经济活动的效率、效果和效益状况进行的审计和评价，目的是促进被审计金融公司提高人、财、物等各种资源的利用效率，增强营利能力，实现经营目标。

3. 按审计实施时间分类

按审计实施时间相对于被审单位经济业务发生的前后分类，审计可分为事前审计、事中审计和事后审计。

（1）事前审计

事前审计是指在被审单位经济业务实际发生以前进行的审计。一般对计划、预算的编制以及对经济事项的预测和决策进行的审计均属事前审计。

开展事前审计，有利于被审单位进行科学决策和管理，保证未来经济活动的有效性，避免因决策失误而遭受重大损失。一般认为，内部审计组织比较适合从事事前审计，内部审计强调建设性和预防性，能够通过审计活动充当决策和控制的参谋。内部审计组织熟悉本单位的活动，掌握的资料比较充分，且易于联系各种专业技术人员，有条件对各种决策、计划等方案进行事前分析比较，作出评价结论，提出改进意见。

（2）事中审计

事中审计是指在被审单位经济业务执行过程中进行的审计。例如，对费用预算、经济合同的执行情况进行审查。通过这种审计，能够及时发现和反馈问题，尽早纠正偏差，保证经济活动按预期目标合法、合理和有效地进行。

（3）事后审计

事后审计是指在被审单位经济业务完成之后进行的审计。大多数审计活动都属于事后审计。事后审计的目标是监督经济活动的合法合规性，鉴证企业会计报表的真实公允性，评价经济活动的效果和效益状况。

4. 审计的其他分类

（1）按审计主体与被审单位的关系分类

按审计主体与被审单位的关系，审计可以分为外部审计和内部审计。

外部审计是指由独立于被审单位之外的审计组织实施的审计。政府审计机关和审计单位所实施的审计都属于外部审计。外部审计强调审计组织必须独立于被审单位。内部审计是由部门或单位内部的审计部门所进行的审计。内部审计主要监督本单位的财务收支和经济活动。内部审计强调审计组织隶属于被审单位。

（2）按审计范围分类

按审计范围，审计可以分为全面审计、局部审计和专项审计。这里主要介绍前两种审计。

全面审计又称全部审计，是指对被审单位一定时期的全部经济活动及相关资料进行的审计。其优点是审查详细彻底，有利于被审单位改善经营管理，但审计工作量大，花费时间多，审计成本较高。全面审计一般仅适用于规模较小、业务量不多的企事业单位。局部审计又称部分审计，是指对被审单位一定时期的部分经济活动或部分资料进行的审计。局部审计的优点是针对性强、效率高、成本低。但由于审计范围不全面，审计结论往往容易出现遗漏甚至错误。

（3）按审计的执行地点分类

按审计的执行地点，审计可以分为就地审计和报送审计。

就地审计是指审计人员直接到被审单位进行的审计。就地审计的优点是可以减少被审计资料往返传递的时间，保证审计资料的安全，并且有助于审计人员深入现场，迅速获取审计证据，保证审计质量。就地审计是一种普遍采用的审计方法。报送审计是指审计人员在审计组织所在地对被审单位报送的资料进行的审计。报送审计的优点是省力、省时，但难以从报送资料中发现问题。

（4）按审计动机分类

按审计动机，审计可以分为法定审计和任意审计。

法定审计是指根据国家法律规定，必须执行的带有强制性的审计。法定审计是按照审计机关的审计计划进行的，不管被审单位是否愿意接受审计都应依法进行。任意审计是指根据被审单位自身的需要，要求审计机构对其实施的审计。一般会计师事务所接受委托人的委托，按照委托人的要求对其进行的审计属于任意审计。

（二）金融审计分类

金融审计除按以上方法分类外，还可按各种金融机构不同金融业务种类进行分类。

1. 商业银行业务审计

商业银行业务主要包括存款业务、贷款业务、中间业务（支付结算、银行卡、代理、担保、承诺、交易、基金托管、咨询顾问等）、系统内联行往来业务、跨系统银行资金往来业务、外汇业务等。商业银行业务审计是指对被审计银行上述各项业务活动进行的审计，可分为存款业务审计、贷款业务审计、中间业务审计、系统内联行往来业务审计、跨系统银行资金往来业务审计、外汇业务审计等，其目的是检查各项业务的合法性、合规性、真实性、效益性等。通过对其业务的执行和执行结果的审计，可以了解社会资金流向、市场供应同社会购买力之间的平衡关系，发现问题，提出建议；可以指导对金融机构其他业务的审计，并可以发现超越金融机构范围的问题，为国家宏观决策提供服务。

2. 证券公司业务审计

证券公司业务主要包括经纪业务、自营业务、承销业务等。证券公司业务审计可分为经纪业务审计、自营业务审计、承销业务审计等，主要是为监督和检查证券公司的业务及财务管理、会计核算等业务的合法性、合规性和效益性以及信息技术系统的安全性、可靠性和稳定性；防范、规避与化解经营风险，保障证券公司资产的安全、完整，维护证券公司及股东整体利益。

3. 保险公司业务审计

保险公司业务主要包括财产保险业务、人寿保险业务、涉外保险业务、再保险业务等。随着我国经济的日益发展以及经济体制改革的深入进行，保险被越来越多的人所了解和接受，保险业也日趋兴旺。保险公司审计可分为财产保险业务审计、人寿保险业务审计、涉外保险业务审计、再保险业务审计等，主要是针对各项业务进行监督和检查，其目的是防范、规避、化解风险，保证保险机构合规、合法正常运作，促进保险业健康顺利发展。

第二节　金融审计程序与方法

一、金融审计程序

金融审计程序是指金融审计工作的先后次序。审计人员在执行审计任务时，必须按照其程序开展工作。金融审计程序反映了金融审计工作的整个工作步骤。金融审计程序与一般审计程序一样，分为三个阶段：准备阶段、实施阶段、完成阶段。由于金融业务的特殊性，金融审计程序又有自身的具体特点。

（一）审计准备阶段

1. 了解被审单位的基本情况

了解被审单位的基本情况，是指对被审单位所处的经济环境及其所在行业状况的一般了解和对该公司内部情况的具体了解。

（1）被审单位的基本情况

审计人员在接受委托前，应当初步了解被审单位的基本情况、所在行业的基本情况、国家大环境的基本情况等信息。具体来说，审计人员需要了解以下基本情况：①被审单位的所有者及其构成、组织结构、经营规模、业务性质、业务流程、经营管理、内部控制等情况；关联方及关联方交易的情况；以前年度接受审计的情况；风险状况。②所属行业的基本信息，例如，市场竞争情况、行业风险、行业前景、会计惯例等情况。③国家相关法律法规；财政、货币政策；行业政策、制度；汇率及外汇管理等情况。④其他需要了解的有关事项。

（2）了解被审单位基本情况的途径

①查阅上一年度的审计工作底稿。在连续审计的情况下，审计人员可以通过查阅上一年度的审计工作底稿来了解被审单位的基本情况以及上一年度审计中存在的、可能对当前年度审计有所影响的事项。

②查阅行业、业务经营资料。通过查阅行业资料，审计人员可以了解到被审单位所属行业的技术变化、行业的现状及其发展趋势、行业的关键指标及统计数据，以及行业特定的会计惯例等方面的信息。通过查阅被审单位的业务经营资料（如公司章程、董事会和股东大会的会议纪要、重要的合同和协议、近期的财务报表等），可以了解到被审单位的组织结构、经营管理情况、财务状况与经营成果等方面的信息。

③实地观察。实地观察被审单位的经营环境，可以帮助审计人员了解被审单位的业务流程、管理状况等方面的信息。

④询问企业内部审计人员。通过与被审单位内部审计人员的沟通并复核内部审计报告，可以了解被审单位内部控制制度的缺陷、公司组织结构的变化等方面的信息。

⑤询问管理当局。通过询问被审单位管理当局，可以了解被审单位的当期经营状况、长短期的发展规划、重大资产重组或并购等方面的信息。

⑥确定关联方与关联方交易。关联方主要有以下几种情况：直接或间接地控制其他企业或受其他企业控制，以及同受某一企业控制的两个或多个企业（如母公司、子公司、受同一母公司控制的子公司之间）；合营企业；联营企业；主要投资者个人、关键管理人员或与其关系密切的家庭成员；受主要投资者个人、关键管理人员或与其关系密切的家庭成员直接控制的其他企业。关联方交易是指在关联方之间发生转移资源或义务的事项，而不论是否收取价款。

审计人员应当对被审单位提供的关联方清单进行复核，并实施以下审计程序，以发现是否存在其他关联方：查阅以前年度的审计工作底稿，了解、评价被审单位识别和处理关联方及其交易的程序；查阅主要投资者、关键管理人员的名单，了解主要投资者个人、关键管理人员和与其相关的其他单位的关系，了解与主要投资者个人、关键管理人员关系密切的家庭成员和与其相关的其他单位的关系；查阅股东大会、董事会会议及其他重要会议记录，询问其他审计人员及前任审计人员；审核所审计期间的重大投资业务及资产重组方案；审核所得税申报资料及报送政府机构、交易所等的其他相关资料。

⑦关注相关的法规、政策。审计人员除了熟悉会计准则、审计准则等的规定之外，还需要了解与被审单位有关的财务、税务、审计等方面的规章制度。

由于了解被审单位的基本情况是一个连续累积的收集、评价并使用信息的过程，因此，审计人员接受委托后，应当进一步了解被审单位的情况。审计人员连续多年接受委托为同一客户提供审计服务时，应当及时更新和重新评价以前获知的被审单位的有关信息，并实施相应的审计程序，以识别上次审计后有关情况发生的重大变化。

2. **签订审计业务约定书**

(1) 审计业务约定书的含义及作用

审计业务约定书是指审计单位与被审单位签订的，用于记录和确认审计业务的委托与受托关系、审计目标和范围、双方的责任以及报告的格式等事项的书面协议。

审计人员应当在审计业务开始前，与被审单位就审计业务约定条款达成一致意见，并签订审计业务约定书，以避免双方对审计业务的理解产生分歧。审计业务约定书一经双方签字认可，即具有法定约束力。

签订审计业务约定书的目的是明确约定各方的权利和义务，促使各方遵守约定事项并加强合作，保护签约各方的正当利益。审计业务约定书主要有以下作用：第一，可增进会计师事务所与被审单位之间的相互了解，尤其使被审计金融公司了解审计人员的审计责任及需提供的协助和合作；第二，可作为被审单位评价审计业务完成情况，以及审计单位检查被审单位约定义务履行情况的依据；第三，当出现法律诉讼时，是确定签约各方应负责任的重要证据。

(2) 审计业务约定书的内容

审计业务约定书的具体内容可能因被审单位的不同而存在差异，但应当包括下列主要方面：①审计目标；②审计范围；③双方的责任；④双方的义务；⑤执行审计工作的安排，包括出具审计报告的时间要求；⑥审计报告格式和对审计结果的其他沟通形式；⑦由于测试的性质和审计的其他固有限制，以及内部控制的固有局限性，不可避免地存在着某些重大错报可能仍然未被发现的风险；⑧管理层为审计人员提供必要的工作条件和协助；⑨审计人员不受限制地接触任何与审计有关的记录、文件和所需要的其他信息；⑩管理层对其作出的与审计有关的声明予以书面确认；⑪审计人员对执业过程中获知的信息保密；⑫审计收费，包括收费的计算基础和收费安排；⑬违约责任；⑭解决争议的方法；⑮签约双方法定代表人或其授权代表的签字盖章，以及签约双方加盖的公章；⑯其他有关事项。

3. 制定总体审计策略

审计人员应当为审计工作制定总体审计策略。在审计计划阶段，通过初步评价被审单位的内部控制制度，确定重要性水平、分析审计风险，用以确定审计范围、时间和方向，并指导制订具体审计计划。

4. 制订具体审计计划

审计人员应当为审计工作制订具体审计计划。具体审计计划比总体审计策略更加详细，其内容包括为获取充分、适当的审计证据将审计风险降至可接受的水平，以及审计项目组成人员拟实施的审计程序的性质、时间、范围。

计划审计工作并非审计业务的一个孤立阶段，而是一个持续的、不断修正的过程，贯穿于整个审计业务的始终。由于未来事项、条件的变化或在实施审计程序中获取的审计证据等原因，审计人员应当在审计过程中对总体审计策略和具体审计计划作出必要的更新和修改。

5. 与被审单位治理层沟通

审计人员应当就其责任直接与治理层沟通。审计人员通常考虑将该沟通事项包含在审计业务约定书中。如果被审单位设有审计委员会或监事会，审计人员应当着重与审计委员会或监事会沟通。

在实施审计业务之前，审计人员应当直接与治理层沟通的事项包括以下两方面的内容。

（1）审计人员的责任

审计人员应当向治理层说明，审计人员的责任是对管理层在治理层监督下编制的财务报表发表审计意见，对财务报表的审计并不能减轻管理层和治理层的责任。审计人员应当与治理层沟通的事项还包括：审计人员有责任按照审计准则的规定执行审计业务；财务报表审计中发现的，且与治理层履行对财务报告过程监督职责相关的重大事项等。

（2）计划的审计范围和时间

审计人员应当就计划的审计范围和时间直接与治理层作简要沟通。当与治理层沟通计划的审计范围和时间时，审计人员应当保持职业谨慎，以防止由于具体审计程序易于被治理层（尤其是承担管理责任的治理层）所预见等原因而损害审计工作的有效性。审计人员应当考虑与治理层沟通下列事项：审计人员拟如何应对舞弊或错误导致的重大错报风险；审计人员对与审计相关的内部控制采取的方案；重要性的概念，但不宜涉及重要性的具体底线或金额；审计业务受到的限制或法律法规对审计业务的特定要求；审计人员与治理层商定的沟通事项的性质。

审计人员可以考虑与治理层讨论下列事项：当被审单位设有内部审计职能时，审计人员拟利用内部审计工作的范围，以及双方如何更好地协调和配合工作；治理层对内部控制和舞弊的态度、认识和措施；与拟实施的审计程序相关的事项，这些程序是在法律法规和审计准则的规定之外、应治理层或管理层要求而实施的；治理层对会计准则和相关会计制度，以及与财务报表相关的法律、法规和其他事项等方面的变化作出的反应；治理层对以前的沟通如何作出反应；与治理结构中的哪些适当人员沟通；治理层和管理层责任的划分；被审计金融公司的目标、战略以及可能导致财务报表发生重大错报的相关经营风险；治理层认为审计中应特别注意的事项，以及需要采取额外程序的领域；与监管机构沟通的重大事项；治理层认为可能会影响财务报表审计的事项。

（二）审计实施阶段

审计实施阶段的工作主要包括风险评估程序、实施控制测试、实施实质性程序。

1. 风险评估程序

为了解被审单位及其环境而实施的程序称为风险评估程序。审计人员应当实施下列风险评估程序，以了解被审单位及其环境，识别和评估重大错报风险，设计和实施进一步审计程序。

（1）实施风险评估的途径

①询问。审计人员应询问被审计金融公司管理层、内部审计人员，还应考虑询问不同级别的员工，以获取对识别重大错报风险有用的信息。询问的内容涉及被审计金融公司业务、经营环境和内部控制的变化、舞弊、持续经营、关联方、对法律法规的考虑等方面。

②观察和检查。审计人员应当实施下列观察和检查程序：观察被审计金融公司的经营活动，检查文件、记录和内部控制手册；阅读由管理层和治理层编制的报告；实地察看被审计金融公司的经营场所和设备；追踪交易在财务报告信息系统中的处理过程（穿行测试）。通过执行穿行测试，审计人员可以了解控制的状况、评价控制设计的合理性以及确定控制是否得到执行。观察和检查程序可以印证对管理层和其他相关人员的询问结果，并可提供有关被审计金融公司及其环境的信息。

③分析。分析程序是指审计人员通过研究不同财务数据之间以及财务数据与非财务数据之间的内在关系，对财务信息作出评价。实施分析程序有助于审计人员识别异常的交易或事项，以及对财务报表和审计产生影响的金额、比例和趋势。在实施分析程序时，审计人员应当预期可能存在的合理关系，并与被审计金融公司记录的金额、依据记录金额计算

的比例或趋势作比较；如果发现异常或未预期到的关系，审计人员应当在识别重大错报风险时考虑这些比较结果。

④其他途径。如果根据职业判断认为从被审计金融公司外部获取的信息有助于识别重大错报风险，审计人员应当通过其他途径以获取这些信息。例如，询问被审计金融公司的法律顾问、财务顾问，查阅证券分析师对被审计金融公司所处行业及该公司盈利状况的分析等。

（2）风险评估的具体内容

①了解被审计金融公司及其环境。

一是法律监管环境、行业状况。例如，货币、财政、税收和贸易等政策，行业的关键指标和统计数据，宏观经济的景气度、利率和资金供求状况，通货膨胀水平及币值变动，国际经济环境和汇率变动，被审计金融公司所在行业的业务性质或监管程度以及其他外部因素。

二是公司性质。例如，了解被审计金融公司的所有权结构、治理结构、组织结构以及所有者与其他人员或单位之间的关系，考虑关联方关系是否已经得到识别，以及关联方交易是否得到恰当核算；了解被审计金融公司的经营活动、投资活动、关联方融资，实际受益股东，衍生金融工具的运用等。

三是被审计金融公司对会计政策的选择和运用。例如，了解被审计金融公司对会计政策的选择和运用，是否符合适用的会计准则和相关会计制度，是否符合被审计金融公司的具体情况，关注重要项目的会计政策和行业惯例；重大和异常交易的会计处理方法；在新领域和缺乏权威性标准或共识的领域，采用重要会计政策产生的影响；会计政策的变更；被审计金融公司何时采用以及如何采用新颁布的会计准则和相关会计制度；如果被审计金融公司变更了重要的会计政策，审计人员应当考虑变更的原因及其适当性，并考虑是否符合适用的会计准则和相关会计制度的规定。

四是被审计金融公司的目标、战略以及相关经营风险。例如，了解被审计金融公司的目标和战略，以及可能导致财务报表重大错报的相关经营风险；了解被审计金融公司是否存在与下列方面有关的目标和战略，并考虑相应的经营风险：行业发展及其可能导致的被审计金融公司不具备足以应对行业变化的人力资源和业务专长等风险，开发新产品或提供新服务及其可能导致的被审计金融公司产品责任增加等风险，业务扩张及其可能导致的被审计金融公司对市场需求的估计不准确等风险，新颁布的会计法规及其可能导致的被审计金融公司执行法规不当或不完整以及会计处理成本增加等风险，监管要求及其可能导致的被审计金融公司法律责任增加等风险，本期及未来的融资条件及其可能导致的被审计金融公司由于无法满足融资条件而失去融资机会等风险，信息技术的运用及其可能导致的被审计金融公司信息系统与业务流程难以融合等风险。

五是被审计金融公司财务业绩的衡量和评价。例如，被审计金融公司内部或外部对财务业绩的衡量和评价可能对管理层产生压力，促使其采取行动改善财务业绩或歪曲财务报表，关注关键业绩指标、业绩趋势、预测预算和差异分析、管理层和员工业绩考核与激励性报酬政策、分部信息与不同层次部门的业绩报告、与竞争对手的业绩比较、外部机构提出的报告、内部财务业绩衡量所显示的未预期到的结果或趋势、管理层的调查结果和纠正措施，以及相关信息是否显示财务报表可能存在重大错报。

六是被审计金融公司的内部控制。内部控制是被审计金融公司为了合理保证财务报告的可靠性、经营的效率和效果以及对法律法规的遵守，由治理层、管理层和其他人员设计和执行的政策和程序。内部控制包括控制环境、风险评估过程、信息系统与沟通、控制活动、对控制的监督。

②评估财务报表重大错报风险。重大错报风险是指财务报表在审计前存在重大错报的可能性。审计人员应当从财务报表层次和各类交易、账户余额、列报（包括披露）认定层次考虑重大错报风险。审计人员应当实施下列审计程序识别和评估重大错报风险。

一是在了解被审计金融公司及其环境的整个过程中识别风险，并考虑各类交易、账户余额、列报。例如，被审计金融公司出现问题，导致部分消费者向公司提起诉讼，要求公司赔偿相关损失。该事项发生后，被审计金融公司有可能未按照企业会计准则的规定在账面足额确认预计负债。

二是将识别的风险与认定层次可能发生错报的领域相联系。上例中，涉及的主要是与预计负债相关的完整性认定、计价和分摊认定。

三是考虑识别的风险是否重大。确定识别的风险是否重大时，需要将识别的可能存在错报的项目与相关的财务报表项目进行比较。例如，计算被审计金融公司账面确认的预计负债金额（或可能存在错报的金额）占期末净资产或利润总额的比例，如果该比例很低，则说明与预计负债相关的完整性认定、计价和分摊认定存在错报的风险较低。

四是考虑识别的风险导致财务报表发生重大错报的可能性。上例中，即使被审计金融公司账面确认的预计负债金额（或可能存在错报的金额）占期末净资产或利润总额的比例很高，也并不必然意味着报表数据存在重大错报，审计人员还需要评价被审计金融公司确认预计负债的相关内部控制程序是否合理、是否得到一贯执行、相关律师是否对公司败诉的可能性及赔偿金额作出了客观估计等因素来确定报表中的预计负债是否存在重大错报。

2. 实施控制测试

（1）控制测试概念

控制测试又称符合性测试，是指审计人员为了取得关于被审计金融公司的内部控制制度设计是否存在缺陷、运行是否有效以及是否得到一贯遵循的证据所进行的测试。控制测试的目的在于验证审计人员拟信赖的内部控制制度是否确实有效，并根据测试的结果确定或修改实质性测试的程序、时间和范围。

控制测试是为了确定内部控制的设计是否合理和执行是否有效而实施的审计程序。控制测试是在了解内部控制的基础上，来确定其设计和执行的有效性。在实施风险评估程序以获取控制是否得到执行的审计证据时，审计人员应当确定某项控制是否存在，被审计金融公司是否正在使用。在测试控制运行的有效性时，审计人员应当从下列方面获取关于控制是否有效运行的审计证据：控制在所审计期间的不同时点是如何运行的；控制是否得到一贯执行；控制由谁执行；控制以何种方式运行。如果被审计金融公司在审计期间的不同时期使用了不同的控制，审计人员应当考虑不同时期控制运行的有效性。

（2）控制测试性质

在确定了测试的种类之后，审计人员应进一步决定控制测试的性质，即执行测试将使用什么样的审计程序。审计人员可选用的控制测试程序有：①检查交易和事项的凭证；②询问并实地观察未留下审计轨迹的内部控制的运行情况；③重新执行相关内部控制程序。

审计人员在执行控制测试中，应注意选用那些对证明控制政策或程序的有效性能提供最可靠证据的程序。以上三种程序审计人员既可单独使用，也可合并使用。

（3）控制测试时间

审计人员应当根据控制测试的目的来确定控制测试的时间，并确定拟信赖的相关控制的时点或期间。

如果测试特定时点的控制，审计人员仅得到该时点控制运行有效性的审计证据；如果测试某一期间的控制，审计人员可获取控制在该期间有效运行的审计证据。如果需要获取控制在某一期间有效运行的审计证据，仅获取与时点相关的审计证据是不充分的，审计人员应当辅以其他控制测试，包括测试被审计金融公司对控制的监督。

（4）控制测试的范围

审计人员应当设计控制测试的范围，以获取控制在整个拟信赖的期间有效运行的充分、适当的审计证据。

在确定控制测试范围时，审计人员应考虑下列因素：被审计单位执行控制的频率；审计人员拟信赖控制运行有效性时间长度；其他控制获取的审计证据的范围；在风险评估时拟信赖控制运行有效性程度；控制的预期偏差等。

值得注意的是，审计人员尽管在实务中既可能对某主要交易种类的有关控制进行控制测试，也可能对某账户的有关控制进行控制测试，但并不是对所有的控制审计人员都要加以测试。审计人员在了解内部控制后，只对那些准备信赖的内部控制执行控制测试，并且只有当信赖内部控制而减少的实质性测试的工作量大于控制测试的工作量时，控制测试才是必要的和经济的。

3. 实施实质性程序

（1）实质性程序概念

实质性程序包括对各类交易、账户余额、列报的细节测试以及实质性分析程序。审计人员应当对评估的重大错报风险设计和实施实质性程序，以发现认定层次的重大错报。

审计人员对重大错报风险的评估是一种判断，可能无法充分识别所有的重大错报风险，并且由于内部控制存在固有局限性，无论评估的重大错报风险结果如何，审计人员都应当针对所有重大的种类交易、账户余额、列报实施实质性程序。

（2）实质性测试内容

实质性测试的内容主要包括以下两点。

①分析性复核。分析性复核是实质性测试的一项重要内容。在审计计划阶段运用分析性复核程序，可以帮助审计人员进一步了解审计单位的业务情况，并确定审计的重点；而在审计实施阶段运用分析性复核程序，则有助于审计人员判断被审计金融公司会计数据的合理性、合规性，提高审计效率。

②交易或余额的详细测试。实质性测试的另一项重要内容是交易或余额的详细测试，即通过一定的审计方法（如函证、监盘、观察等）来验证各类业务（如购货业务、销货业务）或账户余额的真实性。例如，审计人员为了验证构成资产负债表“货币资金”项目的现金账户的期末余额是否正确，往往会采用监督盘点的方式，要求企业出纳清点实际库存的现金，并与现金日记账的余额进行核对。

（3）实质性测试时间

在实质性测试中，验证账户借贷方发生额真实性的交易详细测试可以在预审阶段进行，而验证账户余额真实性的余额详细测试最好放在资产负债表日之后进行。

（4）控制测试与实质性测试的区别和联系

控制测试与实质性测试的区别主要表现在以下方面。

①测试目的不同。控制测试的目的是确定被审计金融公司的业务处理是否符合内部控制制度的规定，判断内部控制的遵循程序，进而确定内部控制度是否可以依赖以及可以依

赖的程度；实质性测试的目的是取得审计人员赖以作出审计结论的足够的审计证据。

②测试对象不同。控制测试主要针对内部控制制度，实质性测试主要针对账户余额或发生额。

③评价依据不同。控制测试中所使用的评价依据是企业内部控制制度的有关规定，实质性测试所使用的评价依据是《企业会计准则》及相关会计制度、税法等法规。

④测试方法不同。控制测试的方法包括检查、询问、实地观察、重新执行有关程序等，实质性测试的方法则包括监盘、函证、计算、分析性复核等方法。

⑤测试时间不同。控制测试可以在年中预审阶段执行，而实质性测试的大部分工作则集中在资产负债表日之后。

⑥测试程序的必要程度不同。实质性测试是审计实施阶段必不可少的工作，控制测试则不是每个审计项目都必须执行的程序。

控制测试与实质性测试的联系主要表现在以下三点。

①控制测试与实质性测试的结果是相互补充的。如果控制测试的结果令审计人员满意，则实质性测试的工作量可以减少。

②控制测试与实质性测试在执行时间上有时候存在交叉，实质性测试中的有些工作，可以在控制测试之前进行。

③控制测试与实质性测试是一个审计业务的不同阶段，测试的共同目标是收集充分、适当的审计证据，以便审计人员发表恰当的审计意见。

（三）审计完成阶段

在审计完成阶段，审计人员需要进行的工作主要包括：期后事项的审计；或有负债的审计；持续经营假设的审计；比较数据的审计；关联方和关联交易的审计；编制审计差异调整表并完成试算平衡表，取得管理层声明和律师声明书，执行分析程序，撰写审计总结；完成审计工作底稿的复核，评价审计结果，与被审计金融公司管理层沟通后确定审计意见类型和审计报告措辞，并根据需要出具管理建议书。下面主要介绍审计差异调整表、试算平衡表和管理层声明。

1. 编制审计差异调整表

审计差异调整表分为两种类型：调整分录汇总表和重分类分录汇总表。其中，调整分录针对的是那些会计处理错误或金额计算错误的会计分录；重分类分录针对的是那些金额正确，但账户错误的会计记录。调整分录需要被审计金融公司调整相关账簿和报表，而重分类分录则只需要调整报表即可。需要说明的是，只有那些审计人员认为重要的调整分录或重分类分录，才需要填入审计差异调整表中；如果存在差错的会计业务金额较小，则可以忽略。

由于各账户的审计工作底稿中分散地记录了调整分录和重分类分录，因此，在审计完成阶段，审计人员应将各账户的工作底稿及其中的调整分录和重分类分录予以汇总，以便了解被审计金融公司在会计核算中存在差异的所有重要事项。

2. 编制试算平衡表

审计人员编制试算平衡表的目的是验证被审计金融公司未审会计报表、调整分录、重分类分录、调整后的金额（审定数）的借贷是否平衡。由于报表项目众多，因此，通常将试算平衡表分为资产负债类项目试算平衡表和利润类项目试算平衡表。为了提高审计效率，在审计计划阶段运用分析性复核程序时，即对试算平衡表中的资产、负债及所有者权益的期末数与期初数进行绝对数比较或相对数比较，对利润表中的损益类项目进行本期数据与上期数据的绝对数比较或相对数比较。在审计完成阶段，则填制试算平衡表的后半部分，包括调整分录、重分类分录、调整后的金额。调整后的金额应与审计工作底稿各报表项目的审定数核对一致，并与已审会计报表核对相符。

3. 取得管理当局声明书

管理当局声明书是指被审计金融公司管理当局向审计人员提供的与会计报表相关的陈述。管理当局声明书包括书面声明和口头声明。书面声明通常比口头声明可靠性强。

审计人员获取的管理当局书面声明书通常包括：管理当局直接提供的声明书，审计人员为正确理解管理当局声明书所提供的且经管理当局确认的函，管理当局的相关会议记录，管理当局签署的会计报表等。

管理当局声明书是被审计金融公司管理当局在审计期间向审计人员提供的各种重要口头声明的书面陈述。审计人员在出具审计报告前，应向被审计金融公司管理当局索取声明书，以明确被审计金融公司的会计责任。

被审计金融公司管理当局声明书的基本要素包括：(1) 标题，“××公司管理当局声明书”；(2) 收件人，应为接受委托的审计单位及签署审计报告的审计人员；(3) 声明内容，应根据审计约定事项的具体情况、会计报表编制基础等确定；(4) 签章，应由被审计金融公司及其会计部门负责人签章，并加盖被审计金融公司的公章；(5) 日期，管理当局声明书的日期通常应当与审计报告日一致。但是，某些交易或事项的声明书日期，可以是审计人员获取该声明书的日期。这种做法便于明确划分审计人员与被审计金融公司的责任。

4. 出具审计报告

出具审计报告是年度报表审计的最后一个步骤。出具审计报告是一个详细而复杂的过程，通常涉及以下几个主要步骤。

(1) 客户接受和初步沟通

确定审计目标和范围：与客户明确审计的目的、范围和期望的输出。

审计协议书：签署审计合同，明确双方的责任、义务和权利。

(2) 审计准备

团队组建：根据审计任务的特点，组建专业的审计团队。

培训与指导：对审计团队成员进行必要的专业培训和操作指导。

审计计划制订：制订详细的审计工作计划，包括时间表、关键审计路径和资源分配。

(3) 执行审计工作

资料收集：收集公司的财务记录、交易文档、会计账簿等相关资料。

现场工作：包括查账、询问、观察和其他必要的检查手段。

风险评估与测试：根据初步的风险评估设计和执行测试，调整审计策略以覆盖所有重大风险。

证据收集：确保所有审计结论都有充分的、适当的证据支持。

(4) 审计报告撰写

审计发现汇总：整理审计过程中发现的所有重要事项。

讨论与调整：与客户讨论初步审计结果，必要时进行调整。

报告草稿编制：撰写审计报告草稿，包括审计意见、财务状况等。

内部审议：报告经过内部同行评审和质量控制。

(5) 报告最终化和提交

客户反馈：将审计报告草稿提供给客户，获取反馈意见。

最终修改：根据反馈调整和完善审计报告。

签字与交付：审计负责人签字后，正式交付审计报告给客户。

(6) 后审计服务

后续讨论：与客户进行后续讨论，解释报告内容，回答可能的疑问。

改进建议：提供财务和管理层面的改进建议。

这个过程需要高度的专业性和严格的质量控制，以确保审计报告的准确性和可靠性。

二、金融审计方法

审计方法是指审计人员检查和分析审计对象，收集审计证据，并对照审计依据或标准，形成审计结论和意见的各种专门手段的总称。金融审计方法是指审计人员在对金融机构审计过程中所采用的审计方法。一般审计方法在金融审计过程中都可以采用。

目前，审计方法已超越传统的事后查账，发展到广泛运用审计调查、审计分析、内部控制系统评审及抽样审计等技术方法，并日趋多样化和现代化，已经形成了一个完整的审计方法体系，主要包括检查法、调查法、盘存法、分析法等。

（一）检查法

审计检查法是指审计人员对被审计金融机构会计资料和其他书面文件可靠程度的审阅与复核，如对凭证、账表等进行审查的方法。它是审计工作的基本方法。

1. 按检查技术分类

按检查技术分类，检查法可分为审阅法和核对法。

（1）审阅法

审阅法是指审计人员对被审计金融机构会计记录和各种文件资料所记载的会计事项等，从多方面进行审查和研究，从中发现错弊或疑点，收集审计证据的一种检查方法。具体而言：审阅原始凭证时，应注意其有无涂改或造假现象；记载经济业务是否合法、真实，是否经过授权签字。审阅会计账簿时，主要是审阅会计账簿所记录的经济活动及其财务成果是否真实、正确、合法和合规；审阅账簿的设置是否科学、完整；审阅会计人员记账时有无差错。审阅会计报表时，主要审阅其完整性、及时性、真实性和正确性。审计人员还可通过对各项计划、经济合同、借据、契约、收发记录等书面资料的审阅来发现问题。

（2）核对法

核对法是指将书面资料中两个或两个以上的相关数据进行相互对照比较，以查明是否相符，从中发现错弊、取得证据的一种核查方法。在审计中，核对法的应用非常广泛。例如，对凭证、账簿和报表等书面资料之间的有关数据进行相互对照检查，借以查明证证、账证、账账、账表、表表之间是否相符，从而取得有无错弊的书面证据。

核对法除用于两个或两个以上的书面资料之间相互对照外，还可以用来将书面资料与实际情况进行对照核查，以便确定或验证账实之间是否相符，从中取得有关审计证据。例如，用于审计现金、固定资产等账户的记录是否真实，必要时需要结合运用盘存法对现金、固定资产进行实地盘点，然后进行核对等。

2. 按检查资料顺序分类

（1）顺查法

顺查法是按照会计业务核算处理程序即按照经济活动发生的时间顺序进行检查的方法。即先查传票，接着根据传票审查分户账、总账及现金日记账，最后查会计报表。在检查过程中，大量的工作都是进行核对。此法简单、全面、系统、细致，但工作量大、费时多，且抓不住重点，所以通常是掌握情况并发现线索后，在查找问题的细节以及发生的原因时采用。

（2）逆查法

逆查法是逆经济活动发生的时间，从报表开始通过记账到凭证，直到最后查核经济事实，是一种由后向前追溯审计检查的方法。逆查法一般适用于总结核查和事实审核，从一般到具体、从总括到明细、从表象到本质地进行审计核查，与顺查法反其道而行之。例如，审阅报表时发现开支费用过多而超支，进而核查账务处理，再逐笔审阅传票单据。此方法的优点是能抓住重点进行深入细致的审查，节约人力和时间；缺点是容易疏忽遗漏一些问题，所以通常用来鉴定被审单位的经营状况。

3. 按检查范围分类

（1）详查法

详查法是对被审计金融机构某一时期内的全部会计资料和其他有关资料逐一进行详细检查的方法。采用详查法有利于全面了解被审计金融机构的情况，所作的结论和评价也较可靠，但此法工作量大，人力、时间高度集中，唯重点审计项目及问题突出部分审计时采用。

（2）抽查法

抽查法是根据概率论与数理统计中的随机原则即同等可能性原则，随机抽取某阶段业务或某部分业务进行审计检查或验证，然后用以推断全部业务活动的状况或用来修正详查法时的经济数据资料。如果抽查的结果没有发现任何问题，那么其他部分或其他时期的会计资料就可不必进行检查；但若发现问题，或抽查误差大且概率保证又低，则可根据任务需要及条件可能，再行扩大审计核查面，直到详查或全面审计。此法优点在于节约人力和时间，但由于抽查范围的局限性，其结果可能会发生偏差。

（二）调查法

调查法是指通过观察、查询等方式对被审计事项进行审计的方法。调查法也是审计工作中使用较多的方法，主要包括观察法、查询法等。

1. **观察法**

观察法是指审计人员对被审计金融机构的经营场所、实物资产和有关业务活动及其内部控制的执行情况等所进行的实地查看和调查，以取得审计证据的一种方法。

观察法一般结合查询法运用，必要时可视情况进行现场拍照或录像，作为审计证据。

观察法主要适用于那些不能从凭证、账簿、报表等资料中反映出来的问题。如对金融会计基本原则执行情况的调查，即可以金融会计基本制度为依据进行现场观察。观察的内容主要包括：是否认真坚持复核制度；是否做到钱账分管、有账有据、账折见面、当时记账、当日结账、总分账核对、印押证分管等；会计凭证传递是否做到现金收入先收款、后记账，现金付出先记账、后付款；转账业务先借后贷；他行票据收妥抵用；内部各柜组间是否及时传递凭证、认真签收；有无违反规定，或将凭证交客户传递的情况；是否按规定进行会计档案管理。采用观察法，要求将观察结果认真做好记录。通常，观察法本身不足以形成充分的证据，而且其获取证据的可靠性视所观察活动的真实性而定。

2. **查询法**

查询法是指审计人员通过查对和询问来取得必要资料，以获得真实可靠的审计证据的方法。查询法的优点在于迅速、便捷地获取大量证据，但往往不能将询问结果作为结论，审计人员还必须实施其他程序以取得进一步的确切证据。查询法可分为询问法和函证法。

（1）询问法

询问法是审计人员对审计过程中所发现的疑点和问题，通过向被审计金融机构内外有关人员询问，弄清事实真相并取得审计证据的一种方法。审计人员在应用询问法时要做好笔录并请被询问人在笔录上签名，询问时至少要有两人在场，采用询问法应注意不得使用诱供等违法方式；询问法获得的审计证据品质较低、证据力差，主要是为进一步审计提供线索，应用时应与其他书面证据相结合。

（2）函证法

函证法是指审计人员为查清被审计金融机构的某项记录正确与否，通过发函到有关单位或有关人员进行查对，以取得证明材料的一种调查方法。

采用函证法必须使用挂号信，函证的内容要简单明了，以利于对方答复。若没有收到回信，可再发函催询，或派人前往进行调查。对于函询的发信（电）日期、内容、单位、回函情况等，都应在审计工作底稿中做好记录，以备查考。采用函证法还应注意对有关函件的填发、收回等工作，均应由审计人员直接办理，并应将有关记录、回件妥善保存。

（三）盘存法

盘存法也称盘点法或实物清查法，是指对被审计金融机构各项财产物资进行实地盘点，以确定其数量、品种、规格及其金额等实际状况，借以证实有关实物账户的余额是否真实、正确，从中收集实物证据的一种方法。盘点法按其组织方式，分为直接盘存法和间接盘存法两种。

1. 直接盘存法

直接盘存法是指由审计人员亲自到现场盘点实物，以确定实有数额的方法。审计人员在对被审计金融机构的库存现金盘存时，应注意盘点程序。应先由出纳人员自点，并将盘点结果记入盘点表，然后再亲自盘点。

2. 间接盘存法

间接盘存法也称监盘法，是指由审计人员通过观察盘点借以确定实有数额的方法。

采用盘存法是为了确定实物资产是否真实存在并且与账面数额相符，查明有无短缺、毁损、贪污、盗窃等问题，但它只能对实物资产是否确实存在提供有力证据，却不能保证被审计金融机构对资产拥有所有权，也不能对该资产的价值和完整性提供证据。因此，审计人员在盘点之外，应对实物资产的计价和所有权另行审计。

盘存时，实物保管部门停止收发实物业务。实物盘点完毕，应填写盘存记录，由参加盘点的被审计金融机构的主管人员、经营人员、审计人员签章。审计人员应及时将盘点结果和处理意见及建议记入审计工作底稿。

（四）分析法

分析法是通过对会计资料的有关指标的观察进行推理、分解和综合，以揭示其本质和了解其构成要素的相互关系的审计方法。审计分析法按是否存在数量说明，可分为定量分析法和定性分析法。

1. 定量分析法

审计定量分析法是指审计人员在审计过程中，通过对审计事项的相关指标进行对比、分析和评价，以便发现其中有无问题或异常情况，为进一步审计提供线索的一种审计方法。定量分析法按其分析技术，可分为比较分析法、比率分析法、因素分析法、趋势分析法等。

（1）比较分析法

比较分析法是通过某一会计报表项目与其既定标准的比较，以获取审计证据的一种技术方法。它包括本期实际数与计划数、预算数或审计人员计算结果之间的比较，以及本期实际数与同业标准之间的比较等。例如，银行通过贷款的投向结构、客户结构分析，可看出被审计银行的贷款投向、行业集中风险；对贷款期限结构进行分析，可看出贷款的币种结构与存款的币种结构是否对称，进而得知被审计金融机构的利率风险和汇率风险。通过对资产负债的对称结构分析，可以看出被审计金融机构的负债可用量是否充分利用或过度利用，各项贷款和其他资产是否均衡、合理分布，并与负债相适应。

（2）比率分析法

比率分析法是利用两个经济活动相关的数据，先计算出各种相关比率，再将这些比率与相应的参照系进行比较，分析被审计金融机构的结构、效益、发展和变化情况的一种技术方法。比率分析是两个相关联的经济数据的相对比较。我们在对被审计金融机构进行分析性复核时，可以参照杜邦分析系统的思路来对一家金融机构整体情况进行分析评价。杜邦系统的核心是通过分解金融机构的资本收益率来分析影响金融机构盈利水平的各种因素。

（3）因素分析法

因素分析法是把反映经济现象变动的总量指标分解为相互联系的若干因素，然后按顺序将其中第一个因素作为可变因素，其他因素暂时作为不变因素，依次逐项替代，以测定各个因素差异对总量指标的影响程度，从而了解总量指标的变动原因，从中发现被审计金融机构的异常变动和差异，为现场审计提供指引。

（4）趋势分析法

趋势分析法是通过对连续若干期报表某一项目的金额及其变动情况进行比较与分析，从而了解该项目金额的增减变动和幅度，以获取审计线索。

2. 定性分析法

定性分析法，又称非数量分析法，是指审计人员在审计过程中，凭借丰富理论、实践经验以及主观的判断和分析能力，推断被审计金融机构有无问题或异常情况的一种分析方法。定性分析法又可分为逻辑分析法、调查分析法等。

（1）逻辑分析法

逻辑分析法是指审计人员在审计过程中，将被审计金融机构的客观情况在思维中以逻辑的形式表现出来，分析其逻辑钩稽关系，从而判断被审计金融机构有无问题或异常情况的一种分析方法。审计分析中运用的逻辑分析，主要包括两类：求同法与求异法，演绎与归纳法。

①求同法与求异法。这是对在多种场合出现多个因素的情况下，通过分析影响因素的异同来判断主要因素的逻辑分析方法。求同法即对被分析的指标在不同情况下的分析结果异中求同，将多次出现的共同影响因素确定为主要因素。求异法即对被分析的指标在不同情况下的分析结果同中求异，将产生某种现象的异常因素确定为主要因素。

②演绎与归纳法。这是逻辑学运用的由一般性前提推出一般性结论的分析方法。演绎法是由一般性较大前提推出一般性较小结论的方法。它是按照一般经济规律、理论原理或历史经验来分析财务指标的变动原因，观察、预测财务活动的发展变化趋势。归纳法是由一般性较小前提推出一般性较大结论的方法。它通常以部分分析对象的研究结论为依据，来概括经济指标乃至经济活动总体的状况、特点及其发展趋势。如通过诸多有利因素的预测，可以归纳出经济上升的前景。

（2）调查分析法

调查分析法是指审计人员在审计过程中，通过对被审计金融机构以及关联单位的资料、人员进行详细调查，借以分析推断被审计金融机构有无问题或异常情况的一种分析方法。

在审计分析过程中，应注重定量分析与定性分析的结合；对于各种方法，只有充分认识、掌握，才能有效地运用。正确运用各种审计方法，是审计工作中至关重要的问题。而各种审计方法有着不同的作用，审计人员要根据审计目的、对象、范围和被审计金融机构实际情况，加以选择。各种审计方法并不是孤立的，而是相互联系、相互配合的。在审计过程中，只有同时采用几种方法，把它们有机地结合起来，灵活运用，才能够在有限的时间内，取得足够的审计证据，作出客观公正的评价，提高审计工作效率。

第三节　金融审计证据与工作底稿

一、金融审计证据

（一）金融审计证据的含义

金融审计证据是指审计人员为了得出审计结论、形成审计意见而使用的所有信息，包括财务报表依据的会计记录中含有的信息和其他信息。审计人员应当获取充分、适当的审计证据，以得出合理的审计结论，作为形成审计意见的基础。恰当的审计结论建立在审计人员所收集的审计证据的基础之上。其实，整个审计过程就是收集、鉴定、整理和分析审计证据的过程，是审计工作的重心，也是考核、评价审计工作质量的关键。

为了正确评价被审计金融机构的经济活动，审计人员必须注重审计证据的充分性和适当性。这也是审计证据是否具备说服力的两个方面。

1. **审计证据的充分性**

审计证据的充分性是对审计证据数量的衡量，是指审计证据的数量足以支持审计人员的审计结论，也是形成审计结论所需最低数量的审计证据。

客观公正的审计意见必须建立在足够数量的审计证据的基础上。这里的“足够数量”有两个方面的含义：一是应支持审计结论的最低数量；二是在满足最低数量的基础上要求考虑成本与效益。也就是说，审计证据的数量并不是越多越好，为了使审计人员进行有效率、有效益的审计，通常把需要足够数量的审计证据的范围降低到最低限度。因此，某一个审计项目对审计证据的需要量，以及取得这些审计证据的途径和方法，应根据该项目的具体情况来定。在某些情况下，由于时间、空间或成本的限制，审计人员不能获取最为理想的证据，可以考虑通过其他的途径或用其他的审计证据来替代；只有通过不同的渠道和方法取得自认为足够的审计证据时，才能据以发表审计意见。

审计人员判断审计证据是否充分，主要应考虑以下五种因素。

（1）具体审计项目的重要程度

重要程度是指审计证据对审计评价和审计结论的影响程度。越是重要的审计项目，审计人员就越需收集充分的审计证据，以支持其审计结论，否则，一旦出现差错，就会影响审计人员对审计整体的评价，从而导致审计人员的整体结论出现错误；相对于不太重要的审计项目，即使审计时出现一定偏差，也不至于导致审计人员的整体结论出现错误，故此时审计人员可减少审计证据的收集数量。

（2）审计风险

审计人员判断审计证据是否充分时应考虑审计风险。如果审计人员将被审计项目的风险水平估计得很高、风险性质严重，那么所需要收集的证据数量就应较多；反之，所需收集证据数量可较少。审计风险具体又受以下因素的影响：被审计金融机构的内部控制状况、经济活动复杂程度、管理当局信赖程度、财务状况等。

（3）审计人员的经验

审计人员的经验越丰富，所获得的证据就越有力，可减少对证据数量的依赖程度；相反，审计人员缺乏审计经验，少量的证据可能无法发现被审计事项的错误或舞弊，就应增加证据的数量。

（4）审计过程中是否发现错误或舞弊

如果发现被审计事项存在错误或舞弊行为，则被审计金融机构整体财务状况存在问题的可能性增加，此时，审计人员需增加审计证据数量，以确保审计结论正确。

（5）审计证据的质量

如果大多数证据都是向独立于被审计金融机构的第三方获取的，且这些证据本身真实可靠、不易伪造，则说明证据的质量较高，所需收集的数量就可相对减少；反之，审计证据数量就应增加。

2. 审计证据的适当性

审计证据的适当性是对审计证据质量的衡量，即审计证据在支持各类交易、账户余额、列报（包括披露，下同）的相关认定，或发现其中存在错报方面具有相关性和可靠性。相关性和可靠性是审计证据适当性的核心内容，只有相关且可靠的审计证据才是高质量的。

（1）审计证据的相关性

审计证据的相关性是指审计证据应该与审计目标相关，应与具体的被审计事项相关。审计人员在确定审计证据的相关性时应考虑以下几个方面：①特定的审计程序可能只为某些认定提供相关的审计证据，而与其他认定无关。例如，存货监督盘点结果只能证明存货是否存在，是否毁损及短缺，而不能证明存货的计价和所有权的情况。②针对同一项认定可以从不同来源获取审计证据或获取不同性质的审计证据。例如，审计人员可以分析应收账款的账龄和应收账款的期后收款情况，以获取与坏账准备计价有关的审计证据。③只与特定认定相关的审计证据并不能替代与其他认定相关的审计证据。例如，有关存货实物存在的审计证据并不能够替代与存货计价相关的审计证据。

（2）审计证据的可靠性

审计证据的可靠性是指审计证据应能如实地反映客观事实，是指审计证据的可信度。审计证据越能真实、客观地反映被审计事项的实际情况，证据就越可靠，证据的质量也越好，证明力也就越强。审计证据的可靠性受其来源和性质的影响，并取决于获取审计证据的具体环境。

审计人员在判断审计证据的可靠性时，通常会遵循下列原则：①从外部独立来源获取的审计证据比从其他来源获取的审计证据更可靠。从外部独立来源获取的审计证据由完全独立于被审计金融机构以外的机构或人士编制并提供，未经被审计金融机构有关职员之手，从而减少了伪造、更改凭证或业务记录的可能性，因而其证明力最强。此类证据如银行询证函回函、应收账款询证函回函、保险公司等机构出具的证明等。相反，从其被审计金融机构内部或关系密切的单位、人员获取的证据，由于证据提供者与被审计金融机构存在一定关系等原因，其可靠性受到质疑。譬如被审计金融机构内部的会计记录、会议记录等。②内部控制有效时比内部控制薄弱时内部生成的审计证据更可靠。如果被审计金融机构有着健全的内部控制且在日常管理中得到一贯执行，会计记录的可信程度将会增加。如果被审计金融机构的内部控制薄弱，甚至不存在任何内部控制，被审计金融机构内部凭证记录的可靠性就大打折扣。③直接获取的审计证据比间接获取或推论得出的审计证据更可靠。例如，审计人员观察某项控制的运行得到的证据比询问被审计金融机构某项内部控制的运行得到的证据更可靠。间接获取的证据有被涂改及伪造的可能性，降低了可信程度。推论得出的审计证据，其主观性较强，人为因素较多，可信程度也受到影响。④以文件、记录形式（无论是纸质、电子或其他介质）存在的审计证据比口头形式的审计证据更可靠。例如，会议的同步书面记录比对推论事项事后的口头表述更可靠。口头证据本身并不足以证明事实的真相，仅仅提供一些重要线索，为进一步调查提供依据。⑤从原件获取的审计证据比从传真件或复印件获取的审计证据更可靠。原件证据比较容易发现被涂改或伪造的迹象，排除伪证，可信程度较强。而传真件或复印件容易编造或伪造，可靠性较弱。

审计人员在按照上述原则评价审计证据的可靠性时，还应当注意可能出现的重要例外情况。例如，审计证据虽是从独立的外部来源获得，但如果该证据是由不知情者或不具备资格提供者提供，那么审计证据可能是不可靠的。同样，如果审计人员不具备评价审计证据的专业能力，那么即使是直接获取的证据，也可能不可靠。

3. 审计证据的充分性和适当性的关系

审计证据的充分性和适当性是审计证据的两个主要特征，两者密切相关，缺一不可，只有充分且适当的审计证据才是有证明力的。

通常情况下，审计证据的数量受审计质量的影响，审计证据的相关与可靠程度越高，需要的审计证据数量可能越少；反之，审计证据的数量需要相应增加。也就是说，审计证据的适当性会影响审计证据的充分性。例如，被审计金融机构内部控制健全时生成的审计证据更可靠，审计人员只需获取适量的审计证据，就可以为发表审计意见提供合理的基础。

尽管审计证据的充分性与适当性相关，但如果审计证据的质量存在缺陷，审计人员仅靠获取大量的审计证据可能无法弥补其质量上的缺陷；也就是说，如果审计人员获取的证据不可靠，那么证据数量再多也难以起到证明作用。

（二）金融审计证据的种类

金融审计证据按不同的标准可作不同的划分，各种类型证据的取得方式、外在形式、证明力的强弱程度等均有所不同。审计人员对审计证据进行合理、科学的分类，有利于有效、恰当地使用和评价审计证据。

1. 审计证据按来源分类

根据审计证据的来源，审计证据可以分为外部证据和内部证据。

（1）外部证据

外部证据是指由被审计金融机构以外的组织机构或人员所编制的证据。例如，顾客的订货单、应收账款的询证函，包括审计人员向被审计金融机构以外有关人员询问而得到的口头证据和审计人员对被审计金融机构进行计算分析后取得的证据，这类证据的可信程度取决于审计人员观察误差的风险大小。通常认为，审计人员具有较强的专业胜任能力，其可靠性高。

一般情况下，外部证据的可靠程度要比内部证据高，其证明力也比内部证据强。

（2）内部证据

内部证据是由被审单位内部机构或职员编制提供的证据。它包括被审计金融机构的会计记录、被审计金融机构管理层说明书，以及其他各种由被审计金融机构编制和提供的有关书面文件，也包括向被审计金融机构员工调查询问的口头证据。内部证据的可靠程度与被审计金融机构内部控制的健全程度有关。内部证据越健全，可靠程度越高。

一般而言，内部证据不如外部证据可靠，但如果内部证据在外部流转，并获得其他单位或个人的承认（如销货发票、付款发票等），则具有较强的可靠性。即使是只在被审计金融机构内部流转的书面证据，其可靠程度也因被审计金融机构内部控制的好坏而异。若内部证据经过被审计金融机构不同部门的审核、签章，且所有凭据预先都有连续编号并按序号依次处理，则这些内部证据也具有较强的可靠性；相反，若被审计金融机构的内部控制不健全，审计人员就不能过分地信赖其内部自制的书面证据。

2. 审计证据按形态分类

根据审计证据的外形特征，审计证据可以分为实物证据、书面证据、口头证据和环境证据。

（1）实物证据

实物证据是通过实地观察、实地盘点所取得的，用以确定某些实物资产是否确实存在的证据。例如，金融企业的库存现金余额可以运用监盘方法加以验证。实物证据具有高度可靠性和极强证明力。但实物证据只能证明某些资产确实存在，而无法保证实物资产的所有权、质量和价值状况。因此，对于取得实物证据的账面资产，还应对其所有权归属及其质量、价值情况另行审计。

（2）书面证据

书面证据是审计人员所获取的各种以书面文件为形式的证据，包括与审计有关的各种原始证据、会计记录（记账凭证、会计账簿和明细表）、会议记录、文件、合同、通知书、报告书及函件等。在审计过程中，审计人员往往要大量地获取和利用书面证据，因此，书面证据是审计证据的主要组成部分，也可被称为基本证据。书面证据可通过审阅法和核对法取得。在审计过程中，收集最多的就是书面证据。若书面证据有涂改或伪造痕迹，审计人员则应对此高度警惕。

常见的书面证据主要包括以下三项。

①会计记录。会计记录包括各种自制的原始凭证、记账凭证、账簿记录等，它是审计人员取自被审计金融机构内部的一类非常重要的审计证据。审计人员在检查财务报表项目时，往往需追溯检查被审计金融机构的会计账簿和各种凭证。通常需由分类账追查至日记账与记账凭证，然后再追查至支票、发票及其他原始凭证。会计记录的可靠性，主要取决于被审计金融机构在填制时内部控制的完善程度。

除各种会计凭证、会计账簿外，可以作为会计记录审计证据的还有各种试算表和汇总表等。

②被审计金融机构管理层声明书。被审计金融机构管理层声明书是审计人员从被审计金融机构管理层所获取的书面声明，其主要内容是以书面的形式确认被审计金融机构在审计过程中所做的各种重要的陈述或保证。被审计金融机构管理层声明书属于可靠性较低的内部证据，不可替代审计人员实施其他必要的审计程序。

③其他书面文件。其他书面文件是指其他有助于审计人员形成审计结论和意见的书面文件，如被审计金融机构董事会及股东大会会议记录，重要的计划、合同资料，被审计金融机构的或有损失，关联方交易等。

（3）口头证据

口头证据是指被审计金融机构职员或其他有关人员对审计人员的提问进行口头答复所形成的一类证据。在审计过程中，审计人员会向被审计金融机构的有关人员询问会计记录、文件的存放地点，采用特别会计政策和方法的理由，收回逾期应收账款的可能性等。对于这些问题的口头答复，就构成了口头证据。口头证据的证明力较差，其本身并不足以证明事情的真相，但审计人员往往可以通过口头证据发掘一些其他重要线索，从而有利于对某些需审核的情况做进一步的调查，以收集到更为可靠的审计证据。

在审计过程中，审计人员应把各种重要的口头证据尽快做成记录，并注明是何人、何时、在何种情况下所做的口头陈述，必要时还应获得被询问的人的签名确认。相对而言，不同人员对同一问题所做的口头陈述相同时，口头证据具有较高的可靠性。但在一般情况下，口头证据往往需要得到其他相应证据的支持。

（4）环境证据

环境证据是指对被审计金融机构产生影响的各种环境事实，又称情况证据或状况证据，主要包括以下四种。

①有关行业和宏观经济的运行情况。宏观经济的运行和有关政策的变动直接关系企业的生存和发展，行业周期的变动对企业的经营必然带来机遇和冲击。获得相关的证据将有助于审计人员对被审计金融机构的财务报表重大错报风险的评估，有利于进一步的审计工作。

②有关内部控制情况。如果被审计金融机构有良好的内部控制，且其日常管理又一贯地遵守其内部控制中的有关规定时，就可认为被审计金融机构现行的内部控制为财务报表项目的可靠性提供了强有力的证据。审计人员就被审计金融机构的财务报表发表有无重大错报、漏报的意见时，一方面要依赖被审计金融机构内部控制的完善程度，另一方面又要依赖审计人员所实施的有关财务报表信息的实质性审计。此外，被审计金融机构内部控制的完善程度还决定审计人员所需的从其他各种渠道搜集的审计证据的数量。内部控制越健全、越严密，所需的其他各类审计证据就越少；否则，审计人员就必须获取较大数量的其他审计证据。

③被审计金融机构管理人员的素质。被审计金融机构管理人员的素质越高，则其所提供的证据发生差错的可能性就越小。例如，当被审计金融机构会计人员的素质较高时，其会计记录就不容易发生错误。也就是说，会计人员的素质对会计资料的可靠性会产生影响。

④各种管理条件和管理水平。良好的管理条件和较高的管理水平也是影响被审计金融机构所提供证据的可靠程度的一个重要因素。

必须指出，环境证据一般不属于基本证据，但它可以帮助审计人员了解被审计金融机构及其经济活动所处的环境，是审计人员进行判断所必须掌握的资料。

3. 审计证据按支持审计结论的程度分类

审计证据按支持审计结论的程度，可以分为基本证据和辅助证据。

（1）基本证据

基本证据是指在审计人员对整体财务报表形成审计结论和审计意见时，起主要支持作用的审计证据。例如，在审计财务报表时，审计人员所收集到的各种证据中对财务报表编制是否合法、公允起主要支持证明作用的，是以会计记录及其外来原始凭证为主体的书面证据，即审计意见和审计结论主要是根据书面证据作出的，因此，书面证据是基本证据。

（2）辅助证据

辅助证据是指审计人员在对整体财务报表发表审计意见和结论时，起辅助支持作用的审计证据。辅助证据主要是通过对基本证据加以辅助，支持审计结论和意见的形成。例如，实物证据、口头证据和环境证据等都属于辅助证据。

尽管上述各种审计证据分类方法可以用来实现各种不同的审计目标，但是对于每一个具体账户及与其相关的认定来说，审计人员应选择能以最低成本实现全部审计目标的证据，力求做到证据收集既有效又经济。

（三）金融审计证据的获取方法

审计人员可以采用检查记录或文件、检查有形资产、观察、询问、函证、重新计算、重新执行和分析等具体审计程序来获取审计证据。

1. 检查记录或文件

检查记录或文件是指审计人员对被审计金融机构内部或外部生成的，以纸质、电子或其他介质形式存在的记录或文件进行审查。这种方法得到的是书面证据。

检查记录或文件的目的是对被审计事项所包含或应包含的信息进行审查。审查包括形式审查和内容审查。形式审查是对有关会计文件资料的式样进行审查，看是否具备必要的要素；内容审查是指对有关会计资料的实质内容进行审查。形式和内容的审查要结合起来，互为印证。

2. 检查有形资产

检查有形资产是指审计人员对资产实物进行审查。检查有形资产方法在大多数情况下适用于对现金和存货的审计，也适用于对有价证券、应收票据和有形固定资产的验证。区分有形资产检查与记录或文件的检查，对具体审计目标来说非常重要。如果被检查的对象其本身没有价值，则这种证据是文件检查证据。例如，支票在签发以前是文件，签发以后变成了资产，核销以后又变成了文件。严格来讲，只有在支票是一项资产时，才能对其进行有形资产检查。

检查有形资产可为其存在性提供可靠的审计证据，但不一定能够为权利和义务或计价认定提供可靠的审计证据。检查有形资产是验证资产确实存在的直接手段，被认为是最可靠有用的审计证据，是认定资产数量和规格的一种客观手段。在某些情况下，它还是评价资产状况和质量的一种有用方法。但是要验证存在的资产确实为被审计金融机构所有，在财务报表中的列报金额估价准确，检查有形资产获取的证据本身并不充分，还需要通过其他的审计程序来获得充分、适当的审计证据。

3. 观察

观察是指审计人员查看相关人员正在从事的活动或执行的程序。这种方法得到的是实物证据和环境证据。执行这种方法的审计人员必须具备相关的专业知识；观察的结论往往是审计意见可靠的依据。观察是收集审计证据的一种重要途径。观察也有其局限性，例如，观察提供的审计证据仅限于观察发生的时点，并且可能影响对相关人员从事活动或执行程序的真实情况的了解，观察时点的情况并不能证明一贯的情况。另外，被观察人员对观察的反应也对观察所得证据的客观性产生影响。因此，审计人员在使用观察程序获取证据的时候，要注意其本身固有的局限性。

4. 询问

询问是指审计人员以书面或口头方式，向被审计金融机构内部或外部的知情人员获取财务信息和非财务信息，并对答复进行评价的过程。

被询问人员对询问的答复可能为审计人员提供尚未获悉的信息或佐证证据，也可能提供与已获悉信息存在重大差异的信息，审计人员应当根据询问结果考虑修改审计程序或实施追加的审计程序。在通常情况下，询问不足以发现认定层次存在的重大错报，也不足以测试内部控制运行的有效性，审计人员还应当实施其他审计程序来获取充分、适当的审计证据。

5. 函证

函证是指审计人员为了获取影响财务报表或相关披露认定的项目的信息，通过直接来自第三方的对有关信息和现存状况的声明，获取和评价审计证据的过程。

函证常用于对银行存款、应收账款、应收票据等项目的审计过程。函证的内容通常还涉及其他账户的余额或信息。诸如，短期投资、其他应收款、预付账款、由其他单位代为保管/加工或销售的存货、长期投资、委托贷款、应付账款、预收账款、或有事项、重大或异常的交易等。函证是来自单方面的答复，可能存在偏见，不能将这类结果当作结论。

6. 重新计算

重新计算是指审计人员以人工方式或使用计算机辅助审计技术，对记录或文件中数据的准确性进行核对。审计人员的计算并不一定按照被审计金融机构原先的计算形式和顺序进行。在其计算过程中，不仅要注意计算结果，还要对某些其他可能的差错（如计算结果的过账和转账有误等）予以关注。审计人员通过计算只能验证计算结果本身是否正确，但不能说明据以计算的基础数据本身是否准确，审计人员需要采用其他审计方法来验证这些基础数据的真实性。

7. 重新执行

重新执行是指审计人员以人工方式或使用计算机辅助审计技术，重新独立执行作为被审计金融机构内部控制组成部分的程序或控制。例如，审计人员利用被审计金融机构的银行存款日记账和银行对账单，重新编制银行存款余额调节表，并与被审计金融机构编制的银行存款余额调节表进行比较。

8. 分析

分析是指审计人员通过研究不同财务数据之间及财务数据与非财务数据之间的内在关系，对财务信息作出评价。例如，审计人员可以对被审计金融机构的财务报表和其他会计资料中的重要比率及其变动趋势进行分析性复核，以发现异常变动项目。对异常变动项目，审计人员应重新考虑其所采用的审计方法是否合适；必要时，应追加适当的审计程序，以获取相应的审计证据。分析程序还包括调查与其他相关信息的不一致或与预期数据有严重的偏离和波动。一般而言，在整个审计过程中，审计人员都将运用分析程序。在实务中，可使用的方法主要包括趋势分析法、比率分析法、合理性测试法和回归分析法。

在实施风险评估程序、控制测试性程序时，审计人员可根据需要灵活运用上述程序，以获取充分、适当的审计证据。

（四）金融审计证据的整理、分析与评价

1. 整理、分析与评价审计证据的意义

一般地，审计人员所收集到的初始证据往往是分散、凌乱、无序和孤立的，证据形式也是复杂多样的。审计人员有必要对收集到的审计证据逐个加以鉴定，并判断其内容的真伪和效用，使审计证据的潜在证明力转化为现实的证明力，再将筛选保留的审计证据按审计目标加以归纳综合，使其成为具有充分证明力的一系列证据，从而形成审计意见和审计结论。因此，整理、分析与评价审计证据在整个审计工作过程中具有非常重要的作用。

2. 整理、分析与评价审计证据的方法

要使审计人员所收集到的初始证据变成系统、有序、彼此联系并具有充分、适当证明力

的证据，必须按照一定的程序、目的和方法进行科学的整理、分析和评价，使之条理化、系统化。只有这样，审计人员才能对各种审计证据合理地进行整合，对被审计金融机构财务报表等有关会计资料形成比较完整的认识，并在此基础上，正确评价其是否恰当地反映被审计金融机构的财务状况、经营成果及现金流量。通过对审计证据的分析和整理，还可以发现证据不足之处，及时进行补充，以便获取新的证据材料，把审计工作引向深入。

（1）审计证据的整理方法

分类：将各类审计证据按照证明力的强弱，或按照与审计目标的关系是否直接等分门别类，排列成序，使其条理化、有序化。

计算：按一定的方法对数据方面的审计证据进行计算、加工从而得出需要的新证据。

比较：将相同的证据按其可靠性与相关性的强弱进行比较，淘汰说服力较弱的。比较包括两方面的内容：一是将各类审计证据进行比较，分析被审计金融机构经济业务的变动趋势及特征；二是与审计目标进行比较，判断审计证据是否符合要求，若不符合，就需继续收集审计证据。

小结：在上述工作的基础上，对审计证据进行归纳总结，得出具有说服力的局部的审计结论。

综合：审计人员对各类审计证据及其所形成的局部审计结论进行综合分析，以形成整体的审计意见。

（2）评价审计证据的充分性和适当性时的特殊考虑

①对文件记录可靠性的考虑。审计工作通常不涉及鉴定文件记录的真伪，审计人员也不是鉴定文件记录真伪的专家，但应当考虑用作审计证据的信息的可靠性，并考虑与这些信息生成与维护相关的控制的有效性。

如果在审计过程中识别出的情况使其认为审计文件记录可能是伪造的，或文件记录的某些条款已发生变动，审计人员应当做进一步的调查，包括直接向第三方询证，或考虑利用专家的工作以评价文件记录的真伪。例如，如果发现某银行询证函回函有伪造或篡改的迹象，审计人员应当做进一步调查，并考虑是否存在舞弊的可能性，必要时，应当通过适当方式聘请专家予以鉴定。

②使用被审计金融机构生成信息时的考虑。如果在实施审计程序时使用被审计金融机构生成的信息，审计人员应当就这些信息的准确性和完整性获取审计证据。例如，在审计收入项目时，审计人员应当考虑价格信息的准确性及销售数据的完整性和准确性。在某些情况下，审计人员可能需要确定实施额外的审计程序，如利用计算机辅助审计技术来重新计算这些信息，测试与信息生成有关的控制等。

③证据相互矛盾时的考虑。如果针对某项认定从不同来源获取的审计证据或获取的不同性质的审计证据能够相互印证，与该项认定相关的审计证据则具有较强的说服力。例如，审计人员通过检查委托加工发现被审计金融机构有委托加工材料，且委托加工材料占存货比例较大，经发函询问后证实委托加工材料确实存在，委托加工协议和询证函回函这两个不同来源的审计证据相互印证，证明委托加工材料真实存在。

如果从不同来源获取的审计证据或获取的不同性质的审计证据不一致，那就表明某项审计证据可能不可靠，审计人员应当追加必要的审计程序。如果审计人员发函询证后证实委托加工材料已经加工完成并返回被审计金融机构，委托加工协议与询证回函这两个不同来源的证据不一致，委托加工材料是否真实存在受到质疑。这时，审计人员应当追加审计程序，确认委托加工材料回收后是否未入库或被审计金融机构收回后予以销售而未入账。

④获取审计证据时对成本的考虑。审计人员可以考虑获取审计证据的成本与所获取信息的有用性之间的关系，但不应当以获取审计证据困难和成本增加为由，减少不可替代的审计程序。

在保证获取充分、适当的审计证据的前提下，控制审计成本也是会计师事务所增强竞争能力和获利能力所必需的。但为了保证得出的审计结论、形成的审计意见是恰当的，审计人员不应将获取审计证据的成本高低和难易程度作为减少不可替代的审计程序的理由。例如，在某些情况下，存货监盘是证实存货存在性确认的不可替代的审计程序，审计人员在审计中不得以检查成本高和难以实施为由而不执行该程序。

3. 整理、分析与评价审计证据时应注意的问题

为使审计证据的整理、分析与评价工作更加科学、合理、有效，审计人员在整理和分析审计证据的过程中，应着重注意解决好以下问题。

（1）审计证据的取舍

审计证据取舍的目标是保证审计证据总体的有效性。审计结论应该是建立在相关审计证据的基础上的一种综合判断结果，并不是对各项审计证据反映的简单汇总。然而，在相关审计证据体系中，各项审计证据的重要性程度及其对综合结论的影响性质是不同的。因而，在编制审计报表之前，审计人员必须对原有的反映不同内容的审计证据进行适当的取舍，舍弃那些无关紧要的、不支持审计意见的次要证据，只选择那些具有代表性的、典型性的、支持审计意见的重要证据在审计报告中加以反映。审计证据的取舍标准只考虑两个方面：一是金额的大小，审计人员应当把金额大、足以对被审计金融机构财务状况或经营成果产生重大影响的证据，作为重要的审计证据予以保留；二是问题的性质严重程度，有些审计证据本身所揭露问题的金额也许并不是很大，但其性质却较为严重，可能导致其他

重要问题的产生或与其他可能存在的重要问题有关，则审计人员也应将这类审计证据作为重要的审计证据加以保留。

（2）分清事实的现象与本质

有些审计证据所反映的情况可能只是一种现象，审计人员不能被某些表面现象迷惑，而应该能够透过现象找到本质所在。

（3）排除伪证

伪证是指审计单位等审计证据的提供者出于某种动机而伪造的证据，或是有关方面基于主观或者客观原因而提供的假证。这些证据或因精心炮制而貌似真证据，或者与被审计的事实之间存在某种巧合，如不认真排除，往往会干扰审计人员形成正确、恰当的审计结论和意见。

二、金融审计工作底稿

（一）金融审计工作底稿概述

1. 审计工作底稿的含义

审计工作底稿是审计证据的载体，是指审计人员对制订的审计计划、实施的审计程序、获取的相关审计证据以及得出的审计结论的记录。审计工作底稿也是审计人员在审计过程中形成的审计工作记录和获取的资料，它形成于审计过程，也反映整个审计过程。

2. 审计工作底稿的作用

审计工作底稿主要有以下六个方面的作用。

（1）审计工作底稿是编制审计报告的依据

审计结论和审计意见是根据审计人员获取的各种审计证据，结合审计人员一系列的专业判断形成的，而审计人员所收集到的审计证据和所作出的专业判断，都完整地记载于审计工作底稿中。因此，审计工作底稿是审计结论与审计意见的直接证据，是编制审计报告的基础。

（2）审计工作底稿是评价审计人员工作业绩的依据

审计工作底稿可以清楚地反映出审计人员做了哪些工作，是怎样进行工作的。因而，审计负责人可以通过对工作底稿的复核，考核审计人员的工作业绩，同时又可对审计人员的工作能力作出评价。例如，通过对工作底稿内容的复核，可以考核编制者的业务能力；通过对工作底稿编制的格式、结构和措辞的复核，可以考核编制者的书写能力；通过对审计结论的复核，可以考核编制者的判断能力。

（3）审计工作底稿有利于组织协调审计工作

一个审计项目通常需要若干名审计人员联合作业，不同审计人员按计划分工，分别在不同的工作领域中工作，形成不同的工作底稿。这些工作底稿往往需要相互参照、相互协调，以避免不必要的重复劳动，提高工作效率。审计项目负责人可利用审核审计工作底稿的机会，对很多审计工作做出有效的协调和组织，尤其是对一项长期性的审计工作或被审计金融机构的分支机构较多且分布于各地的审计工作，审计工作底稿在组织、协调方面的作用就显得尤为重要。

（4）审计工作底稿有利于审计工作质量的控制

审计工作底稿是审计人员在审计过程中形成的审计工作记录和获取的资料，可以及时帮助提高审计工作的质量，便于在出具审计报告之前，对取得的审计证据和得出的审计结论进行有效复核和评价。如果时间拖延过久，审计人员可能会遗忘某些事项，使得审计工作的记录不能全面地反映审计人员执行的审计工作。

（5）审计工作底稿是复查的重要参考

被审计金融机构对审计报告中的审计结论、处理意见存在异议，要求复查时，审计工作底稿所记录的内容可作为负责复查的审计部门的重要参考资料。同时，如果今后出现被审计金融机构财务原因导致国家或公众的利益受损而需要提供佐证时，审计工作底稿还可以为其提供强有力的旁证，为审计报告的正确性、合法性作出解释；如果会计师事务所因执业质量而涉及诉讼或有关监管机构进行执业质量检查时，审计工作底稿能够提供证据，证明会计师事务所是否按照审计准则的规定执行了审计工作。

（6）有利于未来审计业务的开展

通常情况下，审计业务的委托具有一定的连续性。同一单位同一审计项目上期审计所形成的工作底稿，能够为下期的审计提供丰富的、具有重大参考价值的资料，方便和节省审计时间。

（二）金融审计工作底稿的分类

对审计工作底稿适当进行分类是规范审计工作底稿的编制、使用及管理工作的前提和基础。审计工作底稿根据不同标准可以有多种分类方法，这里仅介绍根据性质和作用的分类。

1. 综合类工作底稿

综合类工作底稿是指审计人员为反映整体审计计划、整体审计过程和最终审计意见而编制的工作底稿，主要包括审计业务约定书、审计计划、试算平衡表、审计差异调整表、审计报告草稿、审计总结、被审计金融机构声明书以及审计人员对整个审计工作进行组织管理的所有记录和资料等。

2. 业务类工作底稿

业务类工作底稿是指审计人员在审计实施阶段为执行具体审计程序所形成的工作底稿，主要包括审计人员对某一业务循环或审计项目进行控制测试和实质性程序所做的记录或资料。

3. 备查类工作底稿

备查类工作底稿是指审计人员在审计过程中形成的对审计工作具有备查作用的各种审计资料，包括与审计约定事项有关的重要法律性文件、重要会议记录与纪要、重要经济合同与协议、被审计金融机构成立时的批准证明、企业营业执照、公司章程等原始资料的副本或复印件。

（三）金融审计工作底稿的编制

1. 审计工作底稿的基本内容

审计工作底稿没有标准的格式，任何审计工作底稿都应具备下列基本内容。

（1）被审计金融机构名称

即财务报表的编制单位。若财务报表编制单位是某一集团的下属公司，则应同时写明下属公司的名称。

（2）审计项目名称

即某一财务报表项目名称或某一审计项目、审计程序及实施对象的名称。

（3）审计项目时点或期间

即某一资产负债类项目的报告时点、某一损益类项目的报告期间或某一审计项目的期间。

（4）审计过程记录

即反映审计人员所实施的审计测试的性质、范围和时间等内容的记录。审计应将其实施审计而达到审计目标的过程记录在审计工作底稿上，尤其要记录：测试的特定项目或事项的识别特征；引起特别风险的事项；实施审计程序的结果，该结果表明财务信息可能存在重大错报，或需要修正以前对重大错报风险的评估和针对这些风险拟采取的应对措施；导致审计人员难以实施必要审计程序的情形；导致出具非标准审计报告的事项以及管理层、治理层和其他人员对重大事项的讨论，包括讨论的内容、时间、地点和参加人员。

（5）审计结论

即通过实施必要的审计程序后，对某一审计事项所作的专业判断。

（6）审计标识及其说明

即审计人员在审计工作底稿上用以表达各种不同审计含义的审计符号。为了便于他人理解，审计人员应在审计工作底稿中说明各种审计标识所代表的含义，或采用审计标识及其说明表的形式统一说明。

（7）索引号及页码

审计工作底稿很多，为便于整理和利用，将具有同一性质或反映同一审计事项的审计工作底稿进行特定的编号，即索引号，在同一索引号有多张审计工作底稿时，要为各张审计工作底稿编定页次。

（8）编制人员姓名及编制日期

审计人员必须在其编制的审计工作底稿上签名和签署日期。

（9）复核人员姓名及编制日期

审计人员必须在其复核过的审计工作底稿上签名和签署日期。

（10）其他应说明事项

审计人员根据其经验，认为应在审计工作底稿中予以记录的其他相关事项。

2. 审计工作底稿的编制要求

审计工作底稿是审计工作中的重要文书资料，必须按照审计工作的需要和特点进行编制。

（1）内容上的要求

①资料翔实可靠。由于审计工作底稿上所记录的是审计证据，是发表审计意见的依据，因此，记录的内容必须真实完整，必须注明资料的来源，可以核实，否则会导致错误的审计结论。

②重点突出。一张审计工作底稿往往只是说明一个或几个问题，因此，每张审计工作底稿中所反映的内容，必须重点突出，力求反映对审计结论有重大影响的内容。

③繁简得当。审计工作底稿应当根据记录内容的不同，按照重要性原则，对重要的、与形成审计结论密切相关的内容要详细记录，对一般内容可酌情简要记录。

④结论明确。审计工作底稿既然是审计证据的载体，就必须有明确的结论。因此，审计人员按照审计程序对审计项目实施审计后，应对该项目明确表达其最终的专业判断意见。如某一业务循环的内部控制是否健全，是否可以信赖，或者某一审计事项的发生额或余额是否可以确认等。

（2）形式上的要求

在形式上，审计工作底稿要满足以下要求。

①要素齐全。每张审计工作底稿都必须按照前述审计工作底稿的基本内容和被审计金融机构的审计情况完整填列。

②格式规范。审计人员自己编制的审计工作底稿，一般都应用会计师事务所统一规定的格式，以达到格式规范的要求。有时也会有被审计金融机构或第三方提供的审计工作底稿，格式不一定规范，那么在实施审计程序时，就要尽可能做到规范。

③标识一致。审计标识的含义应当前后一致，并明确标明在审计工作底稿上。

④记录清晰。审计工作底稿上的记录要完整，文字要端正，层次要清楚，计算要正确，便于他人阅读。

（四）金融审计工作底稿的复核

目前，对审计工作底稿进行逐级复核比较普遍采用的是三级复核制度。所谓三级复核制度，就是以项目经理、部门经理和主任会计师为复核人，对审计工作底稿进行逐级复核的一种复核制度。

1. 项目经理复核

项目经理复核是三级复核制度的第一级复核，由项目经理对其助理人员的工作底稿进行详细复核，仔细核实所实施的审计程序是否按照审计计划工作进行，检验工作是否已全部记录下来，数字计算和复核是否正确，所有未解决的问题和应关注的事项以及对问题的了解和分析意见是否在工作底稿上充分反映。

2. 部门经理复核

部门经理复核是三级复核制度中的第二级复核，又称一般复核。它是在项目经理完成详细复核之后，对审计工作底稿中重要会计账项的审计、重要审计程序的执行及审计调整事项等进行的复核。部门经理复核既是对项目经理复核的一种再监督，也是对重要审计事项的重点把关。

3. 主任会计师复核

主任会计师是三级复核制度中的最后一级复核，又称重点复核。它是对审计过程中的重大会计、审计问题，重大审计调整事项及重要的审计工作底稿进行复核。主任会计师复核既是对前面的两级复核的再监督，也是对整个审计工作的计划、进度和质量的重点把关。

需要指出的是，若部门经理作为某一审计项目的项目负责人，该项目又没有经理参加，则该部门经理的复核应视为项目经理复核，主任会计师应另行指定人员代为执行部门经理的复核工作，以保证三级复核彻底执行。

不同层次的复核可能有不同的复核重点，但就复核工作的基本要点来看，一般应包括以下四个方面：①所引用的有关资料是否翔实、可靠；②所获取的审计证据是否充分、适当；③审计判断是否合理、有据，是否符合审计专业标准；④审计结论是否恰当。

（五）金融审计工作底稿的归档

1. 归档期限

审计人员应当按照会计师事务所质量控制政策和程序的规定，及时将审计工作底稿归整为最终的审计档案。审计工作底稿的归档期限是审计报告日后60日内。如果审计人员未能完成审计业务，审计工作底稿的归档期限为审计业务中止后的60日内。

2. 归档的性质

在出具审计报告前，审计人员应完成所有必要的审计程序，取得充分、适当的审计证据并得出适当的审计结论。在审计报告日后将审计工作底稿归整为最终审计档案是一项事务性的工作，不涉及实施新的审计程序或得出的新的结论。

在归档期间对审计工作底稿进行的事务性变动主要包括：①删除或废弃被取代的审计工作底稿；②对审计工作底稿进行分类、整理和交叉索引；③对审计档案归整工作的完成核对签字认可；④记录在审计报告日前获取的、与审计项目组相关成员进行讨论并取得一致的意见的审计证据。

3. 审计工作底稿归档后的变动

在完成最终审计档案的归整工作后，如果发现有必要修改现有审计工作底稿或增加新的审计工作底稿，无论修改或增加的性质如何，审计人员均应当记录下列事项：修改或增加审计工作底稿的时间和人员以及复核的时间和人员，修改或增加审计工作底稿的具体理由，修改或增加审计工作底稿对审计结论产生的影响。

在完成最终审计档案的归整工作后，审计人员不得在规定的保存期届满前删除或废弃审计工作底稿。

4. 审计工作底稿的保管期限

会计师事务所应当自审计报告日起，对审计工作底稿至少保存10年。如果未能完成审计业务，会计师事务所应当自审计业务中止日起，对审计工作底稿至少保存10年。值得注意的是，对于连续审计的情况，当期归整的永久性档案虽然包括以前年度获取的资料

（有可能是10年前的），但由于其作为本期档案的一部分，并作为支持审计结论的基础，因此，审计人员对于这些当期有效的档案，应该视为当期取得并保存10年。如果这些资料在某一审计期间被替换，被替换资料可以从被替换的年度起至少保存10年。

第五章　金融审计的内容

第一节　金融会计审计

一、金融会计审计概述

（一）金融会计审计的意义

金融会计作为一门专业会计，按其会计主体的不同可以划分为银行会计和金融性公司会计两大类。其中，银行会计又可进一步划分为中央银行会计、商业银行会计、合作银行会计等；金融性公司会计又可进一步划分为保险公司会计、证券公司会计、信托投资公司会计、租赁公司会计、财务公司会计等。虽然银行会计与金融性公司会计由于业务分工和业务做法不尽相同，会计职能也各有侧重，但他们都要实现自己的职能，发挥应有的作用，完成各自承担的各项任务，从而保证金融事业健康、有序地顺利发展，其基本要求和根本目标是一致的。在本章对金融会计审计内容的讨论中，我们将侧重于讨论银行会计的审计，而对银行会计审计的讨论，又着重于讨论对商业银行会计的审计。

通过金融会计审计，可以促进金融会计各项法规制度的正确执行，维护金融会计工作秩序，保障金融会计数据信息的准确、及时、真实和完整，从而全面推动金融会计管理水平的不断提高，充分发挥金融会计在整个金融管理中的基础地位和重要作用。

（二）金融会计审计的内容

金融会计审计主要包括以下内容。

1. *金融会计内部控制审计*

金融会计内部控制是金融内部控制的重要组成部分。对金融会计内部控制的审计，主要是对金融会计内部控制的健全性、遵循性、合理性和有效性等进行审计评审，指出内部会计控制制度的强点和弱点，进一步提出加强金融会计内部控制、改善金融会计管理的建议，并为金融会计审计业务的实施指明方向。

2. 金融会计账务审计

金融会计账务审计主要是对金融会计的会计科目、会计凭证、账务组织与账务处理程序以及账务核对等内容进行检查监督。

3. 金融财务会计报告审计

金融财务会计报告审计主要是对金融机构资产负债表、利润表及利润分配表、现金流量表、会计报表附注以及财务情况说明书等内容进行检查监督。

4. 金融会计档案审计

金融会计档案审计主要是对会计档案的保管、会计档案的调阅、会计档案的移交、会计档案的销毁等内容进行检查监督。

（三）金融会计审计的依据

金融会计审计的依据主要包括：《中华人民共和国审计法》《中华人民共和国会计法》《中华人民共和国公司法》《中国人民银行法》《中华人民共和国商业银行法》《中华人民共和国银行业监督管理法》《企业财务会计报告条例》《企业会计准则》及各项具体会计准则、《企业财务通则》《金融企业会计制度》《金融保险企业财务制度》《内部会计控制规范——基本规范》及各项具体规范、《会计基础工作规范》《商业银行内部控制指引》《全国银行统一会计基本制度》《人民币银行结算账户管理办法》《会计档案管理办法》、各家金融机构系统内会计制度以及其他有关会计操作规程等。

二、金融会计内部控制审计

金融会计内部控制是金融内部控制的重要内容和基础。为此，要健全和完善金融内部控制，首先必须进一步加强金融会计管理，建立健全有效的金融会计内部控制。

（一）金融会计内部控制的原则

建立金融会计内部控制系统，应当遵循以下基本原则。

1. 规范化原则

金融会计账务处理必须按照会计制度以及《会计基础工作规范》等有关要求，建立并执行规范化的操作程序。

2. 授权分责原则

对会计账务处理实行分级授权。会计人员不得超越权限范围处理会计账务和增删会计账务事项或参数；上级授权处理的事项必须履行必要的手续；建立并严格执行财务收支审批制度。会计账务处理必须实行岗位分工，明确岗位职责，严禁一人兼岗或独自操作业务全过程。会计岗位还要实行定期或不定期的轮换。

3. 监督制约原则

对会计账务处理的有效依据如业务公章、密押、空白凭证等实行专人分管；资金与实物分别核算与管理；会计部门对重要空白凭证和有价单证要进行表外登记，应有独立于会计部门之外的部门如出纳部门管理现金、有价证券及其他实物形态的资产，对会计账务处理的全过程要实行监督，即全面实行对会计业务的事前监督、事中监督和事后监督，所谓事前监督，即受理业务时，临柜人员对业务的合法性、真实性、手续的完整性及数据的准确性进行审核；所谓事中监督，即对会计处理的凭证、账表内容和数据等均须审核，重大事项须由会计主管复核；所谓事后监督，即对已经处理的会计账务实行再核对，重点监督重要业务的处理。对此，会计部门必须设置相应岗位，配备必需人员，落实监督事项。

4. 账务核对原则

对会计账务，必须坚持“六个核对相符”，即账账、账据、账款、账实、账表和内外账务核对相符；根据制度要求对不同账务采取每日核对和定期核对的办法。要建立和完善外部对账制度，定期（如按季）按户对账。

5. 安全谨慎原则

会计部门必须妥善保管密押、重要空白凭证和业务公章等，防止遗失或被盗；妥善保管会计档案，严格会计资料的调阅手续，防止会计数据的散失和流弊。会计人员调离必须按有关规定办理交接手续。

（二）金融会计内部控制的内容

金融会计内部控制的重点是：实行会计工作的统一管理，严格执行会计制度和会计操作规程，运用计算机技术实施会计内部控制，确保会计信息的真实、完整和合法，严禁设置账外账，严禁乱用会计科目，严禁编制和报送虚假会计信息。

为进一步严格金融会计内部控制，加强金融会计管理，保障资金安全，防范金融风险，必须从以下几个方面着手建立金融会计内部控制：①应当依据企业会计准则和国家统一的会计制度，制定并实施本单位的会计规范和管理制度。下级机构应当严格执行上级机构制定的会计规范和管理制度，确保统一的会计规范和管理制度在本行得到实施。②当确保会计工作的独立性，确保会计部门、会计人员能够依据国家统一的会计制度和本单位的会计规范独立地办理会计业务，任何人不得授意、暗示、指示、强令会计部门、会计人员违法或违规办理会计业务。对违法或违规的会计业务，会计部门、会计人员有权拒绝办理，并向上级机构报告，或者按照职权予以纠正。③会计岗位设置应当实行责任分离、相互制约的原则，严禁一人兼任非相容的岗位或独自完成会计全过程的业务操作。④应当明确会计部门、会计人员的权限，各级会计部门、会计人员应当在各自的权限内行事，凡超越权限的，须经授权后，方可办理。⑤应当对会计账务处理的全过程实行监督，会计账务应当做到账账、账据、账款、账实、账表和内外账的“六相符”。凡账务核对不一致的，应当按照权限进行纠正或报上级机构处理。⑥应当对会计主管、会计负责人实行从业资格管理，建立会计人员档案。会计主管、会计负责人和会计人员应当具有与其岗位、职位相适应的专业资格或技能。⑦下级机构会计主管的变动应当经上级机构会计部门同意。会计人员调动工作或离职，应当与接管人员办清交接手续，严格执行交接程序。⑧应当对会计人员实行强制休假制度，联行、同城票据交换、出纳等重要会计岗位人员和会计主管还应当定期轮换，逐步推行离岗（任）审计制度。⑨应当实行会计差错责任人追究制度，发生重大会计差错、舞弊或案件，除对直接责任人员追究责任外，机构负责人和分管会计的负责人也应当承担相应的责任。⑩应当做到会计记录、账务处理的合法、真实、完整和准确，严禁伪造、变造会计凭证、会计账簿和其他会计资料，严禁提供虚假财务会计报告。⑪应当建立规范的信息披露制度，按照规定及时、真实、完整地披露会计、财务信息，满足股东、监管当局和社会公众对其信息的需求。⑫应当完善会计档案管理，严格执行会计档案查阅手续，防止会计档案被替换、更改、毁损、散失和泄密。

（三）金融会计内部控制审计要点

金融会计内部控制审计的要点主要有以下四个方面。

1. 审计金融会计内部控制的健全性

主要是审计金融会计内部控制在设计上是否完善，需要控制的环节是否都采取了相应的控制措施。换句话说，被审计单位是否全面地制定了金融会计的各项规章制度，是否进行了全方位的控制。

2. 审计金融会计内部控制的遵循性

对金融会计内部控制的审计，不仅要重视制度的制定，更要重视制度的执行。因此，对遵循性的审计主要是审计金融会计内部控制在实际中是否得到了认真的贯彻执行及其执行程度，有无对其执行情况进行考核、评价，并对其进行不断的改进和完善等。

3. 审计金融会计内部控制的合理性

主要是审计金融会计内部控制是否切实可行，是否符合被审计单位的实际情况，是否设置了过多或不必要的控制点，人员分工和牵制是否恰当（既不能分工过细，又能起到牵制作用）等。概而言之，主要评价控制成本与控制效果是否成正比。

4. 审计金融会计内部控制的有效性

主要审计金融会计内部控制中的关键控制点，以及业务处理程序和各项控制措施是否真正发挥了应有的控制作用，控制目标是否实现等。

三、金融会计账务审计

（一）会计账务审计概述

会计账务审计是金融会计审计的主要内容。银行会计账务体系是以会计科目为基础，以会计凭证为依据，以账务组织与账务处理程序为核心，以会计报表为结果的一个完整的科学体系。因此，会计账务审计的对象主要包括会计科目、会计凭证、账务组织与账务处理程序、账务核对以及会计报表等。

通过会计账务的审计，对被审计单位的会计基础工作进行检查和评价，监督其在会计核算中，认真执行各项会计制度，促进和加强会计核算工作，维护正常的会计核算工作秩序，不断提高会计核算质量，从而确保会计核算能够提供及时、准确的会计核算资料，并为有关各方管理和决策之用。

（二）会计科目的审计

会计科目是对银行会计对象（资产、负债、所有者权益、收入、费用和利润）进行分类汇总反映的类别名称，是分类记录银行会计事项的依据，也是设置账户、确定会计报表项目和进行会计核算的基础。当前，我国银行的会计科目按其使用范围的不同可分为银行业统一会计科目和各家银行系统内会计科目。财政部会同中国人民银行总行根据商业银行会计核算的常规需要，制定了银行业统一会计科目，并在《金融企业会计制度》中作了明确规定。而各家商业银行在银行业统一会计科目的原则规定下，根据自身会计核算的实际需要，还各自制定了系统内会计科目，在进行具体业务核算时使用。此外，中国人民银行根据其地位、职能和工作任务的特点单独设置会计科目。

总之，银行会计科目体系目前尚处于一种不规范、不统一的状态。

对银行会计科目的审计应主要从以下几方面进行。

1. 检查会计科目的设置情况

第一，检查各金融机构各级行、处是否按中国人民银行总行的统一规定或《金融企业会计制度》的有关规定设置会计科目，各商业银行总行、分行增加、减少或合并会计科目是否影响会计核算要求和会计报表指标汇总，是否影响对外提供统一的会计信息资料。

第二，检查省、自治区、直辖市分行增设的辖内专用科目，是否在向总行上报报表时，由分行并入总行统一规定的有关科目内。

第三，检查各基层行、处有无合并或更改总、分行规定的会计科目名称或代号，有无任意增设会计科目等问题。

2. 检查会计科目的使用情况

（1）依据会计核算对象，审查会计科目分类和使用是否正确

如：资产、负债和所有者权益类科目的划分是否正确；流动资产、长期资产、无形资产、递延资产及其他资产科目的划分是否正确；流动负债和长期负债科目的划分是否正确；实收资本、资本公积、盈余公积和未分配利润科目的划分是否正确等。

（2）依据资金性质，审查会计科目的使用是否正确

如：财政性存款和一般性存款科目的使用是否正确；单位存款和储蓄存款科目的使用是否正确等。可抽查部分分户账，看有无将财政性存款列入一般性存款、将单位存款列入储蓄存款科目核算。

（3）依据不同的资金账务往来业务，审查会计科目的使用是否正确

如：联行往来和同业往来科目的使用是否正确；三级联行往来科目的使用是否正确等。

（4）依据各项收益和费用开支的范围、标准等，抽查部分凭证、账户，审查会计科目的使用是否正确

如：营业收入与非营业收入、营业支出与非营业支出科目的划分和使用是否正确；资本性收支与收益性收支的划分和科目使用是否正确等。

（5）依据已发生的不涉及资金增减变化的业务事项，审查表外科目的使用是否正确

如：对有价单证、空白重要凭证、代保管物品和抵押物品等是否通过表外科目进行控制；有无违反权责发生制原则，将应纳入表内科目核算的应收、应付利息列入表外科目核算等。

3. 检查会计科目变更的情况

检查按统一规定变更会计科目时，是否办理新旧科目的结转。如果年度中间变更，是

否一律采取填制传票，通过会计分录结转；如果年度终了变更，是否采取会计科目结转对照表方式办理结转。

（三）会计凭证的审计

会计凭证是用来记录经济业务的发生情况，明确经济责任，作为记账依据的书面证明，也是核对账务和事后留存查考的重要依据。填制和审核会计凭证，是银行会计核算操作的起点和基础，因此，任何一项经济业务的发生，都必须及时取得或编制会计凭证。作为记账依据的会计凭证，必须具备会计凭证的基本要素并经审核合格，以保证会计核算资料的正确性和真实性。

对银行会计凭证的审计应主要从以下几方面进行。

1. 检查会计凭证的正确性和完整性

检查会计凭证的使用是否正确、规范，有无错用、乱用会计凭证的现象，特别是特定凭证，是否限于规定使用的业务范围。

检查会计凭证内容是否完整，规定填写的要素是否齐全，是否按规定加盖有关章戳，有无签章手续不全、遗漏签章的情况。

检查会计凭证填写的各项内容是否正确，大、小写金额计算与合计是否准确和一致，各种签章是否正确。

2. 检查会计凭证的合法性和真实性

检查会计凭证所记录的经济内容是否符合国家的方针、政策、法令、制度等，有无违法、违纪等现象。如：转账业务传票收、付款单位及款项来源和用途是否正常、合法；现金支票是否符合现金管理的有关规定等。

检查会计凭证所记载的内容，是否反映了该笔业务活动和财务活动的真实情况，有无伪造、变造和涂改凭证，有无虚报、冒领、贪污舞弊等不法行为。

检查会计凭证上的各种签章和密押等是否真实、有效，有无伪造、变造和涂改等情况。

3. 检查会计凭证传递的安全性和及时性

检查会计凭证传递手续是否严密，各柜组之间的凭证传递是否相互签收，以明确责任；通过邮电部门发出或收到的会计凭证，交接手续是否严格，确保安全。

检查会计凭证的审查和处理是否合理、及时，查阅会计凭证上的受理日期和转账日期，是否存在无理压单、压票，拖延处理凭证以及无理退票等情况。

观察、询问有无将内部柜组之间往来的凭证交由客户代为传递的问题。如：会计受理记账后的现金支票，有无不通过内部传递，而让客户自己持向出纳柜提取现金的现象。

4. 检查会计凭证保管的完整性和合规性

抽查部分会计凭证，看每日账务处理完毕，是否及时集中全部凭证，按会计科目顺序进行整理装订。如：对每一科目的传票，是否按现收、现付、转借、转贷的顺序整理，排放在科目日结单后面；各科目传票张数是否与本科目日结单上填写的传票张数相符。

检查会计凭证的装订和保管是否规范。如：装订时是否将传票及附件整理整齐，另加传票封面、封底，用线绳装订牢固，并在绳结处用纸条加封，加盖装订人员和会计主管人员的骑缝章。

检查已装订的会计凭证是否按年度编排序号，并及时登记有关会计档案登记簿，入库保管；调阅和销毁会计凭证手续是否完善，有无随意拆封或销毁会计凭证的情况。

5. 有价单证和重要空白凭证管理的审计

有价单证是指有价值的特殊单证，如国库券、定额本票、存单等，这些单证一经银行签发，就具有较强的支付能力，因此，应视同现金加强管理。对有价单证要贯彻“证账分管、证印分管”等原则，即会计管账、出纳管证，以相互制约、相互核对。通过表外（备忘）科目核算，建立有价单证登记簿，按单证种类、票面金额等立户，定期核对。有价单证的调入、拨出、领用、运送等均比照现金管理办法办理。重要空白凭证是指一旦由银行或客户填写并经盖章后，就具有支付效力的、未使用的空白凭证，如支票、汇票、本票、存折、联行报单等。对重要空白凭证要通过表外（备忘）科目进行核算，建立重要空白凭证登记簿，按品种立户，并登记凭证的起讫号码，由专人负责管理，以保证单证的完整与安全。

（四）账务组织与处理程序的审计

账务组织是指在银行会计核算中，账簿设置、账务处理程序和账务核对方法等有机配合的账务体系。建立科学的账务体系，不仅可以保证银行会计核算工作有条不紊地进行，而且有利于银行会计核算质量和工作效率的提高。

对银行会计账务组织与账务处理程序的审计应主要从以下几方面进行。

1. 会计账簿使用与管理情况的审计

会计账簿是由相互联系并具有一定格式的账页所组成，用来分类记载各项经济业务的记录簿册。会计账簿是会计核算的重要工具，它是将大量的、分散在会计凭证上反映的经济业务经过归类整理，按照经济业务发生的先后顺序，分类地、系统地进行记载和反映，从而为编制各种会计报表提供数据和资料，并提供银行经营管理者以及其他有关方面所需要的各种经济指标。

对会计账簿的审计，重点应检查各种会计账簿的设置、登记和管理情况。

（1）检查会计账簿设置和登记情况

对会计账簿设置和登记情况进行检查，主要是检查会计部门是否根据业务情况和会计核算的需要，按照综合核算和明细核算两大核算系统分别设置有关账簿；序时账簿、分类账簿和各种备查账簿的设置是否齐全，登记是否及时、准确，是否符合会计制度的有关规定。具体内容如下。

①检查现金收入、付出日记簿的设置与登记。检查出纳专柜是否按收款、付款分设现金收入和现金付出日记簿，有无合并设置的现象；检查出纳收款员和付款员是否根据现金收入、付出传票，逐笔序时记载现金收入日记簿和现金付出日记簿，有无并笔记载和不按业务发生先后顺序记载的情况；检查每日营业终了，是否按现金收入、付出日记簿分别结出合计数，与现金收付总数核对，并结计现金库存簿。

②检查分户账的设置与登记。检查是否按银行账户管理办法的有关规定开立基本存款账户、一般存款账户、临时存款账户和专用存款账户，是否按户立账，有无合并立户或以凭证代替分户账的情况；检查记账员是否根据传票逐笔连续记载并随时结出余额，记账时是否根据凭证切实核对户名、账号、印鉴、余额等，有无串户、冒领、透支等会计质量事故的发生，是否写明记账日期、对方科目、凭证号码及业务内容摘要等。

③检查总账的设置与登记。检查总账是否按会计科目设置，有无乱设总账或总账设置不全等情况；检查总账是否根据各科目日结单的借、贷发生额合计数按日记载，并结出余额。对借贷双方同时反映余额的总账，是否根据余额表或分户账各户的借、贷方余额分别加总填记，有无轧差记载的情况。

④检查备查账簿的设置与登记。备查账簿是适应某些业务需要而设置的账簿。它名目繁多、形式各异，如各种登记簿等，大部分都是专用的。检查时，主要检查是否根据业务需要和核算要求以及有关规定进行设置，是否建立了严密的处理手续，及时记载，及时销记。

（2）检查会计账簿的管理情况

①检查账页的启用与结转。银行账簿多为活页账，检查账簿的管理首先应检查账页启用时，账页上首规定填记的主要事项，如账号、户名、领用凭证记录、利率等是否详细填写。

分户账复写账页平时每记满一页后应更换，并将旧账页最后余额直接过入新账页，新账页首行摘要栏加盖“承前页”戳记。总账每月更换新账页一次，将旧账页上的“上年底余额”“自年初累计发生额”“月终余额”分别过入新账页的“上年底余额”“本年累计发生额”“上月底余额”栏。年初更换新账页时，只过上年底余额。年度终了，各科目分户账除储蓄账和未核销的卡片账可以继续使用外，均应更换新账页。在旧账页的最后一行余额下加盖“结转下年”戳记，并将最后余额过入新账页，新账页应写新年度1月1日，首行摘要栏加盖“上年结转”戳记。丁种账账页应在旧账页未销各笔的销账日期栏加盖“结转下年”戳记，将未销账各笔过入新账页，并结出余额，在摘要栏加盖“上年结转”戳记，同时填列旧账页的发生日期及摘要，以备查考。

结转完毕，应将各科目分户账新账页余额加总合计与相同科目总账新账页余额认真进行核对，以保证结转正确。

②检查账簿的装订与保管。检查各种账簿在更换新账页后，旧账页是否按规定分别进行装订。如：总账是否每月装订一次，分户账、登记簿是否根据数量多少，按月、季或年装订；检查装订成册的账页是否填写“账首”和“账页目录”，另加封面、封底，由装订人员和会计主管人员在加封处盖章后入库妥善保管等。

2. *账务处理程序的审计*

在我国，银行会计采用的账务处理程序是“科目日结单账务处理程序”。其审计要点是：是否根据经济业务及时受理或编制传票；是否根据传票及时逐笔登记有关分户账或登记簿及现金收入/付出日记簿；是否根据表外（备忘）科目传票分别登记有关表外（备忘）科目登记簿；是否在日终根据分户账抄制余额表，并根据现金收入/付出日记簿结计现金库存簿；是否在日终根据传票按科目编制科目日结单，并轧平当天所有科目日结单的借贷方发生额；是否根据科目日结单及时登记总账；是否根据总账编制日记表，轧平当天全部账务。

四、金融财务会计报告审计

（一）财务会计报告审计概述

财务会计报告是指反映特定单位某一特定日期财务状况和某一会计期间经营成果和现金流量的文件。该定义指明，财务会计报告的基本属性是“文件”。所谓反映单位某一特定日期财务状况的文件，就是单位的资产负债表及其附表和附注。所谓反映单位某一会计期间经营成果的文件，就是单位的利润表（损益表）及其附表和附注。所谓反映单位某一会计期间现金流量的文件，就是单位的现金流量表及其附注。

金融财务会计报告审计主要有以下基本内容。

1. **审查财务会计报告内部控制的健全有效性**

实施财务会计报告审计之前，必须对被审计单位财务会计报告方面的内部控制进行审查，并作出评价，从而使审计人员对被审计单位财务会计报告的真实可靠性有个基本的估价，为进行实质性的审查提供线索和重点。

2. **审查财务会计报告编制的合规性**

主要是根据有关会计制度和《企业会计准则》的规定，对各种财务会计报告的格式、结构、项目属性及排列、补充资料项目等是否合规进行审查。

3. **审查财务会计报告项目内容的真实性**

财务会计报告应当根据登记完整、核对无误的账簿记录和其他有关资料编制，做到数字真实、计算准确、内容完整、报送及时。因此，对财务会计报告审计，必须对其项目内容的真实性进行审查。

4. **审查财务会计报告相互之间的一致性**

财务会计报告是一个完整的体系，它们虽然在编制的目的、形式、结构等方面有所不同，但它们在相关的内容上却应当是一致的，是相互补充的关系。因此，对财务会计报告相互之间一致性的审查，主要是对财务会计报告相互之间的钩稽关系的审查。

（二）资产负债表的审计

资产负债表是总括反映金融机构会计期末全部资产、负债和所有者权益等财务状况的会计报表。编制本表是为了反映金融机构资产、负债和所有者权益的增减变动以及各项目之间的相互关系；检查资产、负债和所有者权益的构成是否合理，考核各项资金计划的执行结果。

资产负债表的审计，主要是证实资产负债表所反映的财务状况的真实性、合法性和公允性，其审计要点如下：审查资产负债表应填列的内容是否齐全，对表中未填项目应查证是遗漏还是该项目业务确未发生；审查资产负债表的小计、合计和总计数是否正确；资产总额是否等于负债总额和所有者权益总额的合计数；审查资产负债表“年初数”栏内各项数字的填列是否与上年度资产负债表“期末数”栏内所列数字一致。如果本年度资产负债表规定的各个项目的名称和内容同上年度不一致时，是否对上年末资产负债表各项目的名称和数字按照本年度的规定进行了相应的调整；审查资产负债表各项目的数据来源是否真实可靠（审查时主要根据账表核对来查证，对根据总分类账户余额填列的项目，应与总分类账余额试算表有关项目进行核对；对汇总、抵消或分析填列的项目，应根据总分类账余额相加或相减及分析计算出的数额进行核对；对根据明细分类账余额填列的项目，应根据明细分类账期末余额，或余额与有关项目相加后的数额进行核对）；审查资产负债表所附补充资料的数据是否可靠，如代保管证券、抵押品等，可与有关表外科目登记簿核对，或通过账实核对进行查证；根据资产负债表内有关项目进行分析比较，审查资产占用结构是否合理，各种负债的比例是否合理，审查所有者权益的构成，审查企业的偿债能力，评价金融机构财务状况的优劣和其未来的财务发展趋势等。

（三）利润表及利润分配表的审计

1. 利润表的审计

为了如实反映经济业务的发生和完成情况，充分发挥会计的监督职能，保证会计信息的可靠，应严格审计利润表的以下关键点：第一，审计利润表的编制依据是否符合规定。第二，审计利润表的编制是否正确。包括：利润表的编制是否符合要求，如利润表的“本月数”是否根据各有关账户的本月发生额直接填列，“本年累计数”反映的是自年初起到本月止的累计发生数，是否根据上月利润表的“累计数”加上本月利润表的“本月数”计算填列；利润表中的重点项目是否存在异常或可疑，如发现某项目的比重不正常（偏大或偏小，或与前期数据相比较，发现其差异较大，或与企业的经济活动情况不相符合）则应把这些项目作为重点审计对象；利润表内项目的填写是否齐全，有无漏填或错行错格。第三，审计利润表的钩稽关系是否正确。从三个方面判断：一是利润表内的钩稽关系是否正确；二是审计表内项目的填列是否完备，有无漏填、错填之处；三是其计算是否按规定的步骤进行。

2. 利润分配表的审计

为了如实反映经济业务的发生和完成情况，充分发挥会计的监督职能，保证会计信息的可靠，应严格审计利润分配表的以下关键点：第一，审计利润分配表的编制是否正确，包括“可供分配利润”和“未分配利润”的填列是否正确。第二，审计利润分配表的钩稽关系是否正确，包括利润分配表内存在的钩稽关系是否正确，如：“未分配利润”是否根据“可供分配利润”扣除“已分配利润”填列；“利润分配表与其他会计报表的钩稽关系是否正确；“净利润”是否根据企业全年实现的税后净利润额填列，其数字是否与“利润表”中的“本年累计数”一致；利润分配表与相关账户存在的钩稽关系是否正确；“提取盈余公积”是否根据“利润分配”账户所属明细账户“提取盈余公积”账户的本年累计发生额填列；“应付股利”是否根据“利润分配”账户所属明细账户“应付利润（股利）”账户的本年累计发生额填列等。

（四）现金流量表的审计

1. 审计目标

注册会计师审计现金流量表的目的主要在于：确定现金流量表的内容、性质和数额是否正确、合理、完整；确定现金流量表有关项目数额与其他报表及附注的钩稽关系是否正确；确定现金流量表各项目的披露是否恰当。

2. 审计程序

为实现现金流量表的审计目标，注册会计师通常采用的审计程序包括如下。

①获取编制现金流量表的基础资料：复核加计是否正确；将基础资料中的有关数据与财务报表及附注、账册凭证、辅助账簿、审计工作底稿等核对相符，并进行详细分析，检查数额是否正确、完整，现金流量分类是否合理；根据审计调整分录，对基础资料的有关数额进行相应的调整。

②检查对现金及现金等价物的界定是否符合规定，界定范围在前后会计期间是否保持一致。

③检查现金流量表编制方法。第一，了解现金流量表编制方法。如果被审计单位未利用计算机程序编制现金流量表，应查明其是否专为编制现金流量表设置辅助账簿记录，并取得现金流量表编制底稿；如果被审计单位利用计算机程序编制现金流量表，应对其计算机程序进行了解分析，必要时可聘请专家协助工作。第二，检查合并现金流量表编制方法，关注相关的业务是否已经抵销并作正确处理。第三，关注现金流量表编制过程中，对有关特殊事项的处理是否正确，如债务重组、非货币性交易、金融保险等特殊行业现金流量表的编制等。

④对现金流量表执行分析性程序，并检查：第一，主表与补充资料中的“现金及现金等价物净增加额”是否一致。第二，主表与补充资料中的“经营活动产生的现金流量净额”的钩稽关系是否合理。第三，补充资料中的货币资金期末、期初余额是否与资产负债表的钩稽关系合理。第四，现金流量表有关数据与审计后财务报表及附注的钩稽关系是否合理。第五，是否存在金额异常的现金流量表项目，并作追查调整。

⑤检查现金流量表各项目的披露是否恰当。企业应当在附注中披露将净利润调节为经营活动现金流量的信息，至少应当单独披露对净利润进行调节的下列项目：资产减值准备；固定资产折旧；无形资产摊销；长期待摊费用摊销；处置固定资产、无形资产和其他长期资产的损益；固定资产报废损失；公允价值变动损益；财务费用；投资损益；递延所得税资产和递延所得税负债；存货；经营性应收项目和经营性应付项目。

此外，企业应当在附注中以总额披露当期取得或处置子公司和其他营业单位的下列信息：取得或处置价格；取得或处置价格中以现金支付的部分；取得或处置子公司及其他营业单位收到的现金；取得或处置子公司及其他营业单位按照主要类别分类的非现金资产和负债。企业应当在附注中披露不涉及当期现金收支但影响企业财务状况或未来可能影响企业现金流量的重大投资和筹资活动；与现金和现金等价物相关的信息，包括现金和现金等价物的构成及其在资产负债表中的相应金额；企业持有但不能由母公司或集团内其他子公司使用的大额现金和现金等价物金额。

（五）财务情况说明书的审计

财务情况说明书是财务会计报告的重要组成部分。审计时，应结合资产负债表、利润表及利润分配表、现金流量表等会计报表以及会计报表附注的审查来进行。其审计的要点包括：①审查财务情况说明书是否对金融机构的业务经营情况、利润实现及其分配情况、资金增减及周转情况、财务收支情况、税金缴纳情况、各项财产物资的变动情况等进行了明确的说明。②审查财务情况说明书对金融机构所采取的主要财务会计政策、方法及其变动情况和原因以及对财务状况的影响是否作了详细说明。审查时，应核实处理方法的变更情况和变更原因，测算其对财务状况和经营成果的影响额。③审查财务情况说明书对资产负债表日后至报出期内发生的对金融机构财务状况有重大影响的事项是否充分披露。④审查财务情况说明书对非经常性项目的说明是否明确；会计报表中有关重要项目的明细资料是否如实列明；对于其他有助于会计报表使用者理解和分析报表所需要说明的事项是否已详细说明等。

五、金融会计档案审计

（一）会计档案保管的审计

银行会计档案应由会计人员按归档要求，负责装订成册，然后，归档进行分类保管。

当年会计档案，在会计年度终了后，由本银行会计部门保管一年。一年后，原则上应由会计部门编造清册，移交本银行的档案部门保管。各种会计档案的保管期限，应从会计档案所属会计年度终了后的次年1月1日算起，分为永久保管和定期保管两类。定期保管期限一般分为15年期和5年期两种。会计档案保管的审计要点是：①检查会计档案有无专人负责管理，管理人员调动时，是否认真办理交接手续。②检查会计档案保管是否设置专用保管库或保管箱，库房防火、防盗、防虫、防鼠、防潮等方面的设施是否完善，是否经常整理、翻晒。③检查入库保管的会计档案是否装订成册，符合规格、并登记有关会计档案登记簿，逐项编号，分类排列，加贴标签，做到妥善保管、存放有序、查找方便。④检查各种会计档案名称和保管范围、保管期限是否按有关规定办理。定期保管的会计档案是否按不同保管年限，分门别类管理，有无任意缩小保管范围或缩短保管期限的情况。⑤检查永久保管的会计档案是否设有专橱、专柜或专箱，并分门别类保管。在银行保管期满后，是否按规定手续移交本行档案部门，由其一并移交当地档案馆保管。

为了便于事后查考，会计部门是否在移交前复制了副本存查等。

（二）会计档案调阅的审计

调阅会计档案必须严格手续，在“会计档案调阅登记簿”中详细登记调阅档案的名称、日期、调阅人姓名及工作单位、调阅理由、归还日期等。本银行调阅，应经会计管理人员同意；外单位调阅应出具正式介绍信，并经银行领导批准，但会计档案原件原则上不得借出，如有特殊需要，需报主管单位批准，原卷封不得拆散，并限期归还。会计档案调阅的审计要点是：①检查是否严格执行会计档案不准外借的基本规定，严格执行安全和保密制度，切实防止丢失和泄密。②检查调阅档案是否按规定办理手续，有无经过有权人批准，调阅会计档案是否建立记录，登记“查阅会计档案登记簿”，是否将查阅日期、查阅单位和人员、介绍信、批准人以及经办人等作出详细记录，以备查考。③检查内部调阅会计档案是否由调阅人出具借条经会计人员批准，有无调离银行进行查阅的情况。④检查公安、检察、法院等执法部门处理案件需要查阅会计档案时，是否持有县级以上主管部门的正式公文，经行长或主任批准；是否有专人在场陪同查阅，有无将档案交给查阅人放任不管或将原件抽出借走等情况。

（三）会计档案移交的审计

会计档案保管人员调动工作，必须办理正式的交接手续。银行撤销、合并后的会计档案，随同银行的全部档案，办理移交手续后移交给指定单位。因此，对会计档案移交的审计，主要是检查其有关移交手续是否合规。

（四）会计档案销毁的审计

会计档案保管期满需要销毁时，必须由本银行档案部门提出销毁意见，会同会计部门严格审查，填制“会计档案销毁清册”，注明会计档案的类别、名称、册数、所属日期等，然后，由银行领导指定档案部门和会计部门共同监销。“会计档案销毁清册”必须长期保存。

会计档案销毁的审计要点是：①检查销毁清单所列内容，是否符合会计档案销毁范围，有无将未满使用年限或属于永久保管以及悬案尚待查清的会计档案予以销毁的现象。②检查销毁的会计档案是否报经省、自治区、直辖市分行批准，由县支行或以上的行处负责销毁。③检查销毁时是否由当地行行长或指定专人负责监销，销毁后，是否分别报当地档案机关和上级行备案等。

第二节　资产业务审计

一、资产业务审计概述

（一）资产业务审计的意义

资产质量的好坏直接影响金融机构的营利能力。其中信贷资产是金融部门的主要资产业务，也是商业银行及其他金融企业运用资金的渠道和取得收入的主要途径。因此，加强资产业务的管理，有利于金融机构加速资金周转，提高资金使用效率，实现营利性目标。对信贷资产等资产业务进行审计，对于保证金融机构在信贷活动中贯彻执行国家的方针政策、支持发展市场经济和现代化建设的资金需要，保障信贷资产安全及金融业稳健经营，促进金融机构和借款单位加强经营管理，提高信贷资产的使用效益，促进金融机构加强信贷监督，发挥其对宏观经济的调控作用等，都具有十分重要的意义。

此外，对资产业务进行审计对于保证商业银行及其他金融机构资金流动性、安全性、营利性，防范和化解金融风险具有特别重要的现实意义。

（二）资产业务审计的内容

1. 资产业务内部控制审计

加强对金融机构资产业务内部控制制度的审计，是实现其资产安全性、流动性和营利性的重要保证。在审计时主要审查金融机构资产业务内部控制的健全性、完善性和执行情况，即被审计单位是否建立健全了资产业务的内部控制制度，并且是否有效地执行了内部控制制度等。

2. 信贷资产审计

信贷资产是金融机构资产的主要组成部分，加强对信贷资产业务的审计，有利于促进金融机构正确贯彻国家的信贷政策，提高其信贷资产质量，增强营利能力，提高其经营管理水平。在审计时主要应注意检查其信贷政策、信贷原则、信贷管理制度的执行情况等。

3. 固定资产审计

固定资产是保证金融机构业务正常经营的重要的物质条件。加强对固定资产的审计，有利于促进金融机构妥善管理好各项固定资产，维护其资产的完整无缺。在审计时应着重检查固定资产增减是否正常，计价是否准确，保管是否得当。

4. 无形资产和其他资产的审计

除信贷资产外，金融机构的资产还包括无形资产、现金、存放中央银行款项、拆放同业等，在审计时应根据有关资产管理制度及有关规定，对无形资产的取得、摊销、处置，对其他资产经营的合规性、合法性、效益性进行检查和监督。

（三）资产业务审计的依据

资产业务审计的依据主要包括：《中华人民共和国审计法》《中华人民共和国银行业监督管理法》《中华人民共和国中国人民银行法》《中华人民共和国商业银行法》《中华人民共和国会计法》《中华人民共和国票据法》《中国人民银行关于印发商业银行资产负债比例管理监控监测指标和考核办法的通知》等法律、法规、制度、办法及有关规定，对金融机构资产营运的合规性、安全性、资产管理制度及资产质量状况进行审计和监督。

二、资产业务内部控制审计

（一）资产业务内部控制审计的内容

由于金融机构最主要的资产是信贷资产，因此，资产业务内部控制制度审计的重点是信贷资产的管理。审计的内容应包括下列几项。

1. 信贷业务组织机构控制的审计

对信贷业务组织机构控制的审计主要从两方面进行：①信贷组织机构规模大小是否根据业务复杂程度和业务量来设置。②审查信贷组织机构是否发挥监督和管理的职能；是否遵循决策、执行、监督反馈系统相互联系、彼此制衡的原则；决策程序是否有利于有效防范和化解金融机构在信贷资产业务中可能遇到的风险。

2. 信贷资产组织管理监控系统的审计

（1）是否建立了贷款分级审批制度

贷款管理是否实行行长（主任）负责制；金融机构是否建立了行长（主任）负责制的贷款审批委员会；是否在授权范围内对贷款的收回和发放承担责任。

（2）是否建立了审贷分离责任制

贷款的调查评估人员对贷款的项目有无进行详细的调查评估，相应承担调查和评估失误的责任；贷款审查人员是否认真审查贷款风险，相应承担审查失误的责任；贷款发放人员是否专门负责贷款的发放和清收工作，承担检查失误、清收不力的责任。

（3）是否建立健全了贷款工作岗位责任制

是否将每一笔贷款或贷款管理的每一环节的管理责任落实到部门、岗位、个人，严格划分信贷人员的责任；是否实行了定期或不定期的岗位轮换和强制休假制度；各级贷款管理人员在调离原岗位时，是否对其在职期间发放的贷款进行了审计。

3. 对信贷业务人员素质的审计

加强对信贷业务人员素质的审计是资产业务内部控制制度审计不可缺少的方面。信贷业务各项管理制度能否得到良好的贯彻执行，在很大程度上取决于信贷人员和决策人员素质的高低。审计时应从以下两方面进行。

（1）对信贷人员政治素质方面的审查

信贷人员是否具有较高的品德修养，是否遵守金融职业道德，廉政守信，秉公办事，并具有实事求是、走群众路线的优良工作作风。

（2）对信贷人员业务素质方面的审查

审查信贷人员是否掌握了经济和金融理论知识；掌握与信贷业务有关的科学技术和经济管理知识；是否了解所在金融机构服务对象的生产流通和管理知识，是否熟悉企业财务知识；是否熟练掌握信贷业务技能。在审计中可从信贷人员所作的调查报告和作出的信用分析以及贷款的收回状况中了解信贷人员的业务素质。

4. 信贷业务内部控制制度评审和反馈制度的审计

审计时应注意检查金融机构是否把内部控制制度的评审和反馈工作经常化、制度化，该制度是否切实有助于弥补信贷业务内部控制制度的缺陷，并将此作为评判金融机构经营管理水平高低的一个方面。对金融机构内部控制制度的健全性和执行过程中存在的问题提出改进建议和完善措施，并对内部控制制度长期不健全或执行监督不力的有关责任人和领导人给予处罚，从而避免因内部控制制度长期不健全和执行不力造成金融机构资产的重大损失。

此外，在审计时还应注意检查该金融机构是否建立健全了其他资产业务内部控制制度评审和反馈制度。

（二）资产业务内部控制评审的基本方法

1. 资产业务内部控制系统的调查

对资产业务内部控制系统的调查，是评审资产业务内部控制系统的准备工作和基础工作，其目的是了解和掌握被审计单位内部控制系统的建立和健全情况。

（1）了解和掌握内部控制状况

资产业务内部控制系统的内容很多，涉及面广，应根据审计任务的要求和工作中的薄弱环节确定重点。审计调查的内容包括以下几个方面：一是被审计单位有无建立信贷监督和管理职能部门，该部门行使监督的效能如何；二是有无建立相互制约、逐级逐项负责的信贷资产管理责任制；三是有无建立以风险评估和控制为核心的信贷风险管理制度，是否切实遵循“贷前调查、贷时审查、贷后检查”的贷款三查原则，保证信贷资产的安全性、流动性和效益性；四是有无建立监测信贷资产风险、企业经营风险的预警系统及其资产质量的考核指标等信息管理系统；五是有无建立健全资产业务内部控制制度的检查、评审和反馈制度，等等。

（2）描述内部控制系统

在对资产业务的有关内部控制制度具体内容有了较全面的了解之后，应将内部控制系统以适当的方法加以描述，写成书面材料，形成审计工作底稿。

如果被审计单位在建立内部控制制度时，就已对其内部控制制度进行了描述，则审计人员可以直接加以利用。如未进行描述，则可以选用文字描述法、调查表法或流程图法加以描述，或三种方法结合起来使用，相互补充，效果更好。

2. 资产业务内部控制系统的评价

对资产业务内部控制系统的评价，大体上应从以下几个方面进行。

(1) 内部控制系统的健全性

内部控制系统的健全性主要是评价资产业务各主要内部控制系统在设计上是否完善，需要控制的环节是否都有了相应的控制措施，如贷款的审批、发放、收回等关键性控制点是否都有完备的控制机制。

(2) 内部控制系统的合理性

内部控制系统的合理性主要是评价资产业务内部控制系统是否切实可行，是否符合国情和被审计单位的实际情况；涉外资产业务控制是否符合国际惯例，是否控制点过多或不必要；人员或岗位的职责分工是否既恰当又相互牵制等。

(3) 内部控制系统的遵循性

内部控制系统的遵循性主要是评价资产业务内部控制系统在实际工作中是否得到真正的贯彻执行，以及执行的程度如何；有无对有关内部控制制度的执行情况进行考核、评价，并不断地改进和完善等。

在对以上三个方面进行评价的基础上形成资产业务的内部控制系统评价工作底稿，包括资产业务内部控制系统的健全性和实际执行的情况、执行中取得的成绩、执行上存在的问题、改进和完善的建议等。

三、信贷资产审计

(一) 审前调查是银行信贷业务审计的航标

银行信贷业务数据海量，好的审前调查可以使审计工作事半功倍，没有审前调查，好比大海里航行没有了航标。审前调查包括以下几个方面。

一是被审计单位信贷业务总体发展情况。取得被审计单位整体发展规划以及年度信贷管理分析报告，了解和掌握包括业务发展动向及重点、信贷业务分类、信贷质量分析等重要信息，对信贷业务总体情况的了解有利于我们站在比较宏观的角度去分析潜在风险。

二是内部管理基本情况。了解信贷各职能部门的职责和工作程序，熟悉有关内部控制制度，进行内部控制测试，判断内控制度执行的有效性。通过以上调查了解的内容，初步判断被审计单位在管理方面存在的薄弱环节，初步确定审计关注重点。例如，我们在对某银行的审前调查中发现，该银行的信贷审批会有权否决或调整风控部门对企业所做的统一授信，这就可能导致银行根据企业贷款调整对企业的授信额度，使统一授信流于形式，风险得不到有效控制。

三是分析贷款原始数据。在对贷款业务总体情况和内部管理情况了解的基础之上，对贷款数据进行有目的的分类筛选和汇总分析等，确定审计重点和疑点，为下一步审计实施阶段做好准备。这里值得说明的是，在计算机审计技术能力有限的情况下，审计人员直接进入银行电子信息系统拷贝数据存在风险较大，如果使用银行信贷统计部门的贷款数据，又会缺失很多必要的信息，所以要求被审计单位信息技术人员提供审计配合，从数据库中导出审计人员所需的贷款数据较为可行。

（二）银行贷款档案检查是发现问题线索的关键

银行贷款档案检查是审计实施阶段的重要环节，主要应把握两方面。

一是根据审前调查发现疑点和问题，确定抽查范围。例如，我们在对某信用社信贷业务调查了解时，发现该信用社个人消费贷款业务近两年增长较快，而大部分个人消费贷款源自内部职工消费贷款，短时间内内部职工同时购车或买房的现象不正常。因此，我们将内部职工消费贷款确定为贷款档案抽查重点，从中选取了时间比较集中、数额较大的贷款进行重点检查。通过检查，除了发现该信用社的职工消费贷款手续不严谨、贷款资料不完整外，还发现部分购房贷款提供的是虚假购房合同，引起了被审计单位的高度重视，提供虚假购房合同的职工主动将借款提前全额归还。

二是按类别进行贷款档案抽查，提高工作效率。各个银行信贷业务发展的侧重点不同，造就了一些带有浓重个体色彩的银行信贷业务，审计人员在深入了解被审计单位的业务特点后，进行有目的的分类抽查，会节约大量的时间，提高审计效率。例如，某银行根据自身特点以及所处地区经济商贸中心的地理位置优势，将信贷业务重点向中小企业倾斜，简化了贷款中间环节，中小企业贷款业务以及个人经营性贷款数量增加较快。这部分贷款在贷款台账上显示金额小、数量多，审计抽查起来工作量大，又很难反映整体贷款情况。我们通过对贷款台账的分析，将这部分贷款按照不同的担保人进行归类整理后，划分出商贸中心为商户提供担保的银企合作项目担保贷款、汽车经营公司为个人提供担保的汽车消费类贷款、房地产公司为个人提供担保的个人住房按揭等，由此审计的范围和目标变得清晰，贷款档案的抽查由点变成面，大大提高了工作效率。

（三）银行账户检查和外部调查取证是提高审计质量的重要手段

银行账户检查和外部调查取证是检查贷款是否被挪用以及贷款质量的重要审计步骤，也使审计监督得到延伸。通过上述监督检查，使审计人员比较全面地了解银行信贷业务更深层次蕴含的问题，为审计人员揭示问题、提出审计建议提供更加有力的证据。

一是在银行账户检查方面，包括信贷资金是否被挪用及信贷资金的流向等。如在检查信贷资金方面，应包括信贷资金被用来归还老贷款，信贷资金被用作承兑汇票保证金，信贷资金通过多次转账模糊资金轨迹或被转入关联公司，信贷资金被大额提现等。在检查信贷资金流向方面，应包括锁定资金源头账户和资金数额，追踪和记录资金流转路线，调取资金划转原始凭证，发现和提取审计线索，判断其合规性，保存审计证据等。

二是在外部调查取证方面，可以根据审计方案要求等，到单位直接了解贷款使用情况、贷款使用进度、查看原始支付凭证；到工商登记部门查询贷款单位股东构成、注册资本等登记注册情况；到中国人民银行查询贷款单位贷款情况及银行开户情况；到税务机关，通过了解贷款单位的报税情况，了解其真实的经营状况等。

（四）关注贷款担保是审计促进银行防范潜在风险的重要措施

对贷款担保进行审计是促进银行防范贷款损失的又一道重要防线。近年来，银行与融资性担保公司的合作范围逐步扩大，合作金额也呈上升趋势。但其贷款风险还没有真正得到有效控制。为此，在进行银行贷款担保审计时，要关注以下几点：一是要关注来自贷款单位的风险。这些单位大多是在银行信用等级评定较低、抗风险能力较低的中小企业。二是要关注来自融资性担保公司的经营风险。融资性专业担保公司由于进入门槛较低，市场需求旺盛，近年来数量增长迅速，但由于缺乏有效监管和不够完善的内部控制，担保公司的经营管理情况良莠不齐。目前一些融资性担保公司仍在违规开展贷款业务，这不仅降低了担保公司的流动性和偿债能力，而且还将使其承担较大的贷款损失风险。三是要关注来自银行与融资性担保公司之间不规范的合作行为的风险，如银行违规为担保公司提供委托贷款业务、银行与担保公司合作金额超出法规对担保公司的限制、银行与没有经营许可的担保公司合作业务等。凡是在审计中发现上述问题的，审计机关和审计人员应及时帮助银行完善制度、规范，促进管理。同时，还要在审计报告或相关信息中予以披露，以引起政府和银监部门的重视，切实发挥审计机关“免疫系统”的功能。

四、固定资产审计

（一）固定资产审计要点

固定资产的审计从以下几个要点入手：固定资产的实存数的审查，固定资产增减的审查以及固定资产减值准备的审查。固定资产审计中，主要目的是确定固定资产真实存在，主要内容是固定资产的增减。固定资产实存数的审查要编制固定资产分类汇总表，信息汇总后根据业务性质进行分析性复核最后进行账账核对，全面保证固定资产审查的准确性。

对于新增的固定资产及减少固定资产要确定其手续是否合法，计价等处理是否正确。

（二）固定资产投资审计创新

审计工作提前介入是固定资产投资审计的一个创新，它不仅有利于加强项目建设的科学性决策，对整个项目的投资效益也会起到帮助作用。传统的审计是依据对经营支出与资本支出来考察固定资产核算是否准确，它是在固定资产投入之后发生的，对于项目仅仅起到监督作用，不能达到事前预防和事中监控的目的，对投资项目选择的决策过程也是无法影响的。对于一些具有重要意义的固定资产投资项目，传统的财务审计在提供全面的固定资产投资信息时显得无能为力。固定资产投资项目可行性审计是审计工作能够长期发展所必须重视的问题。审计人员在进行绩效审计和经济责任审计时，单从财务审计入手，已经无助于满足有关方面对审计组织的厚望。只有采用新的审计方法，才满足有关方面的需要，才能促进审计工作的良好发展。

（三）固定资产采购审计创新

固定资产采购作为固定资产增加的重要形式，应该受到及时关注。审计人员需要在了解采购政策及执行的基础上，执行符合性测试与实质性测试的审计程序。固定资产采购不当有可能导致一个原本非常有前景的项目被扼杀。企业建设之初，采购的设备不能相互匹配，就不能按原本设计的生产力进行生产，最终导致项目被迫停滞。因之，固定资产采购审计对于企业的发展也是不容忽视的，审计人员要在积极创新、全方面了解的基础上进行固定资产采购审计。

（四）固定资产后续支出审计及创新

对于可增加固定资产账面价值后续支出核算工作，企业财务制度与准则规定相比较，存在企业制度对其界定不严格的问题，因此在固定资产原值的计价上有失公平。审计人员对固定资产后续支出审计时应该建议被审计单位根据准则规定进行准确审计，避免虚增固定资产。

（五）固定资产折旧与减值准备审计创新

审计人员对固定资产折旧与减值准备审计评价时，应该收集固定资产的合理使用年限，特点以及市场价格等，并将这些信息与被审计单位提供的账面数据进行综合分析，独立判断。固定资产折旧需要注意的是：当月增加的固定资产，当月不提折旧，从下月起计提折旧。当月减少的固定资产，当月仍计提折旧，从下月起停止计提折旧；固定资产提足折旧后，不管能否继续使用，均不再提取折旧。提前报废的固定资产，也不再补提折旧；已达预订可使用状态但尚未办理竣工决算的固定资产，按暂估价入账，并计提折旧；待办理了竣工决算手续后，再按照实际成本调整原来的暂估价值，但不需要调整原已计提的折旧额。

（六）固定资产处置审计创新

在现有的固定资产处置审计中，审计人员关注的重点不是处置审计的合理与否，他们关注的重点往往是企业有没有隐瞒收入，有没有少缴所得税与增值税等。一些企业从国有企业中收购土地以牟取暴利，土地的使用权是作为国有企业固定资产进行核算的，现在社会中土地使用权的转让价格已经远远超过了国有企业整体的出让价格。不少企业以扩大再生产的目的收购土地使用权，然后通过二次出让土地使用权来谋取利益。以上种种最终将会是以国有资源的大量流失为代价的。审计人员在进行固定资产处置审计时，认真核实企业的资产评估报告，包括评估报告是否真实，是否符合法定程序，是否依据市场价格进行评估等。

固定资产审计过程中，审计人员应该积极关注固定资产的增减以及固定资产的折旧。单单计算、核实数值上的问题是不全面的，固定资产审计过程中要确认资产计算方法的合理性，在计算方法合理的基础上对固定资产数值进行计算、核算。也只有这样的不断创新的固定资产的审计工作才能客观、准确地反映企业现有状况，为企业的发展提供有力的帮助。固定资产项目的审计可以在一定程度上促进建立和健全各项管理制度，有利于保护固定资产的安全完整，加快企业的健康发展。

五、无形资产审计

无形资产是指金融机构长期使用，但是没有实物形态的资产，是已得到法律承认和保护，能使企业享有某种特殊经济权利，或能给企业带来高于一般收益水平的长期资产。无形资产包括专利权、商标权、著作权、土地使用权、商誉和非专利技术等。无形资产作为金融机构资产的组成部分，也应进行审计。

（一）无形资产取得的审计

无形资产的取得途径主要是：投资者投入的、金融机构购入的、接受捐赠的、自行开发研制的等。检查时主要是验证其是否具备无形资产的特征，能否给金融机构带来经济效益；计价是否准确，是否是按取得时的实际成本入账；同时要检查无形资产增减业务是否办理了合法手续，有无合法的法律依据或文件等。

（二）无形资产摊销的审计

无形资产的摊销原则是在受益期内平均摊销。审计时，应主要审查以下内容。

1. *检查无形资产摊销年限的确定是否符合下列原则*

一是法律和合同或申请书中分别规定有法定有效期和受益年限的，按法律有效期限与合同或申请书规定的受益年限孰短的原则确定。

二是法律无规定有效使用期限，合同或申请书中规定受益年限的，按合同或申请书中规定的受益年限确定。

三是法律、合同、申请书均未规定法定有效期限和受益年限的，按预计的受益年限确定。

四是受益期限难以预计的，按不短于10年的期限摊销。

2. *无形资产摊销方法的审计*

无形资产的摊销方法应采用直线摊销法，检查时应注意其每月的摊销额计算是否准确，账务处理是否正确；有无利用无形资产的摊销来调节当期损益的情况。

（三）无形资产处置的审计

无形资产的处置主要包括出售和对外投资转出，检查时，一是要注意出售或投资转出是否合法合规，作价是否合理，无形资产有无流失；二是要注意处置后的账务处理是否正确，所得收入是否全部入账。

六、其他资产的审计

（一）存放中央银行款项的审计

为了增强中央银行的宏观调控能力，保证各金融机构的偿付能力，维护存款人的合法权益和正当的金融秩序，中央银行要求各家商业银行及其他金融机构必须在中央银行开立存款账户，存入一定数量的存款。商业银行和其他金融机构的各项收付业务，包括向中央银行借款和归还各项贷款、向系统内外划拨、拆借资金、联行资金的清算、存款准备金的考核、代理中央银行代收国库款项、向中央银行领用和解缴现金，以及其他金融机构的各项资金收入，均需通过存放中央银行款项账户办理。

（二）拆放同业的审计

金融机构之间利用资金分布上的地区差、季节差、时间差和行际差相互调剂余缺，既可满足头寸匮乏行的资金需要，又可提高头寸富余行的资金使用效益，因而具有十分重要的意义。但是，一些金融机构利用拆借资金的渠道，逃避信贷控制和管理；大量转移信贷资金去炒房地产、炒股票、办公司，或用于地方财政开支，搞开发区、上新项目，扩大固定资产投资规模，变短期投资为长期投资或延长拆借期限，破坏信贷资金结构，弱化了中央银行的信贷资金管理；收取“手续费”“好处费”，变相提高了拆借资金的利率，甚至进行拆借利率大战。这种混乱状况容易造成国家信贷资金大量流失，影响国家重点资金需要的满足。因此，必须对拆借业务加强管理与审计。

第三节　负债业务审计

一、负债业务审计概述

（一）负债业务审计目标

金融机构负债业务审计的目标，就是要通过审查金融机构负债项目的内部控制是否健全、有效并且一贯执行，验证负债业务是否确实发生，其形成是否合法、合规，会计记录是否完整、准确，查清是否高估或低估负债，有无影响会计报表公允表达的重大错报等，对金融机构负债业务开展情况作出客观的评价，提出改进措施，推动金融机构负债业务的健康发展。具体地讲，负债业务审计目标主要包括以下六个方面：①了解并确定金融机构有关负债业务内部控制是否健全、有效并且一贯遵守。②确定被审计金融机构所记载的负债在特定期间内是否确实存在，是否为被审计金融机构所承担；负债的形成是否真实、合法、合规，偿还是否及时。③确定被审计金融机构在特定期间内所发生的所有负债是否均已入账，没有遗漏或虚设、隐瞒负债。④确定被审计金融机构所有负债是否均已正确记录。⑤确定被审计金融机构有关负债的计价包括存款利息的计算、折价溢价的摊销是否正确，有无高估或低估负债。⑥确定被审计金融机构负债余额在有关会计报表上的表述是否恰当。

（二）负债业务审计范围

负债业务审计，就是对上述负债业务开展情况进行审查、评估。大体上可分为以下几个方面。

1. **各类存款**

包括国内企业活期存款、定期存款、通知存款、协定存款、财政性存款、军队存款、居民活期储蓄存款、定期储蓄存款（整存整取、零存整取、存本取息、整存零取）、定活两便存款、华侨（人民币）整存整取定期储蓄存款、通知存款等，信用卡备用金存款、保值定期储蓄存款、专项保证金存款、政策性住房基金存款、人民币特种存款、信托存款、外商投资企业存款、外债专户存款、外汇存款、国外同业定期存款、驻华外国机构存款、国际经济合作基金存款等。各类存款业务的审计，是负债业务审计的主要内容，后文将进行具体介绍。

2. **各类借款**

包括向中央银行借款，国内同业拆借，国外同业拆借，向外国政府、国际经济金融组织、国外金融机构借款等。

3. **发行债券**

通过发行金融债券筹集资金，对持券人构成负债。

4. **应付款项**

包括应付及暂收款（如应付佣金、应付手续费、预收保费、应付分保款、预收分保赔款、应付保户红利、应付款项、应付工资、应交税费、其他暂收应付款项等）、应付利息、长期应付款（应付融资租赁款、固定资产专项借款、其他长期应付款）等。

（三）负债业务审计的依据

对金融机构负债业务的审计，主要是依据全国人大、国务院制定的有关经济、金融法律法规，财政部、中国人民银行、国家税务总局以及金融监管部门等制定的有关制度、规定、办法等法规性文件，金融机构董事会、监事会以及上级主管部门制定下发的有关规定、规程、细则等文件。如《中华人民共和国审计法》《中华人民共和国商业银行法》《中华人民共和国会计法》《中华人民共和国证券法》《中华人民共和国保险法》《中华人民共和国信托法》《中华人民共和国外资金融机构管理条例》《金融企业会计制度》《金融保险企业财务制度》《中华人民共和国人民币管理条例》《储蓄管理条例》《金融违法行为处罚办法》《个人存款账户实名制规定》等。

二、存款业务审计

（一）存款业务简介

存款是货币持有者基于信任而将暂时闲置的资金存入农村合作金融机构，并可以随时或按约定时间支取款项的一种信用行为，是金融机构对存款人以货币计量的负债。

1. 存款分类

（1）按期限和支取方式不同

可以分为活期存款、定期存款、定活两便存款、通知存款和协定存款等。

（2）按资金性质不同

可以分为单位存款、个人储蓄存款、财政性存款和其他存款四类。

单位存款：单位存款属于公款性质，是社会各类企业、事业单位、机关、学校和部队等具有法人营业执照的单位和社团的资金。

个人储蓄存款：个人储蓄存款属于私款性质，是城乡个人存入的资金。

财政存款：财政存款是国家或地方财政收入余额所形成的存款，它主要包括财政金库款、由财政拨付的基本建设款。

其他存款：包括同业存款、保证金存款和一些无法归类的存款。

2. 存款业务的操作流程

存款业务种类繁多，但业务操作流程基本一致，主要包括开户、存款、取款、结息、对账和销户等环节。

存款业务是金融机构的基本业务，也是其开展资产业务和表外业务的基础和前提，是其生存及规模扩展的决定力量。

（二）存款业务内部控制审计

审计人员按照存款业务内部控制审计流程，通过对存款业务内部控制制度制定、完善、岗位设置及制度执行有效性的审计，分析存款业务操作、管理中的薄弱环节和风险点，确定实质性测试的范围和重点。

1. 存款业务内部控制健全性审计

存款业务内部控制健全性审计是指通过调阅被审计机构所有与存款业务相关的内部控

制制度等资料，对存款业务的岗位设置、内部控制制度的制定与完善进行评估。

第一，检查是否建立、健全了覆盖整个存款业务品种的内部控制制度：是否按照中国人民银行及行业管理部门对账户管理的要求制定具体的账户管理制度；是否按照各类存款业务的处理环节特点制定相应的账户结算操作规程和管理办法；存款账户核对管理制度是否完善；存款重要业务和特殊业务授权审批制度是否完善；存款业务各类登记簿设置及使用是否制定相应的管理办法；有价单证、重要空白凭证及印章的管理制度是否完善；存款业务的事后监督检查制度是否完善；存款档案资料管理制度是否完善。

第二，存款业务各项内控制度是否随业务及经营形势的发展变化而及时修订完善，是否存在“休眠制度”。

第三，内部职能部门、各存款业务岗位设置是否科学合理，是否体现了不相容岗位分离原则，是否达到了相互监督、相互制约的目的。如存款业务前台会计、出纳和复核岗位人员和职责是否严格分离，有无完善有效的复核和事后监督体系。

2. *存款业务内部控制有效性审计*

存款业务内部控制有效性审计是指通过抽样检查存款业务档案资料、调阅监控资料和实地观察临柜人员操作等方式，对金融机构存款业务内部控制制度执行的有效性进行审计。

（1）开户

①单位存款账户的开立。开立基本存款账户、一般存款账户、专用存款账户、临时存款账户的存款人是否符合银行结算账户的要求；开户单位提供的资料是否齐全，是否由其法定代表人或单位负责人直接办理，由他人代办的是否出具有授权委托书，证件是否齐全；是否及时将存款人的开户申请书、相关的证明文件和金融机构审核意见等开户资料报送中国人民银行当地分支行，经其核准后办理开户手续；是否与存款单位签订结算账户管理协议，明确双方的权利和义务；是否建立存款人预留印鉴卡，交易账户的新印鉴是否交有权高级主管检查，并将印鉴卡和有关证明文件或复印件留存归档；有无对新使用的账户交非出纳人员保管。

②个人储蓄存款账户的开立。是否严格执行存款实名制，代理开户的是否同时提供存款人及代理人的有效身份证件；是否对存款人（代理人）的有效身份证件进行查验；开户起存交易凭证是否由客户签字确认。

③账户号码是否连续，是否存在事先编号现象。

（2）存款（续存）与取款

①经办柜员是否坚持“先收款，后记账”“先记账，后付款”的原则，按照现金业务

操作规定进行业务处理。

②单位取现账户是否为基本存款账户、临时账户或可支现的专用存款账户。

③授权人是否使用本人的授权卡办理各项授权业务并对客户（代理人）身份进行核实，是否存在审核授权不严格、不规范的问题。

④存款人开立单位银行结算账户的，是否自正式开立之日起3个工作日后，才办理付款业务（注册验资的临时存款账户转为基本存款账户和因借款转存开立的一般存款账户除外）。

⑤对大额存单的签发、大额现金的支取是否执行分级授权和双签制度，对大额款项收付是否进行了登记和报备，对异常现金存取和异常转账情况是否采取了设置标识等监控措施。

⑥是否存在公款私存现象。

⑦是否存在代客户填写支票的现象；支票记载的各项内容是否齐全、正确，是否在有效期内，大小写金额是否一致，书写是否规范，背书是否完整；支票验印辅助通过的是否认真核对，是否换人复核。

⑧交易凭证是否由客户（代理人）签字确认；是否存在打印凭证内容与客户交易提示内容不一致的问题。

（3）结息和对账

①是否严格执行利率政策，利率档次应用是否正确，有无擅自高（低）套或变相高（低）套利率档次，有无多付或少计存款利息情况。

②是否定期向开户单位发送存款余额对账单。

③是否及时查清未到账。

④是否按规定做好对账单的回收工作，对账相符的是否由核对人员和会计主管人员签章确认。

（4）账户撤销

①存款账户撤销时，是否要求客户正确填写销户申请书。

②单位结算账户撤销时，提供的资料是否齐全，是否由法定代表人或单位负责人直接办理，由他人代办的是否出具授权委托书，证件是否齐全。

③是否及时将有关印鉴卡从现行账户档案中抽出并放人销户档案，是否及时收回了未用完的重要空白凭证和开户许可证。

④撤销后的账户是否停止使用，是否存在销户不彻底、销户后农村合作金融机构内部员工仍然能操作此账户的问题。

（5）存款账户挂失止付

①受理挂失是否按照有关规定要求客户提供相关的证明文件，并由经办人员审核无误后进行办理。

②挂失申请书、挂失登记簿的填写是否符合规定，各种要素是否齐全并经客户签名确认。

③挂失办理中挂失期限掌握是否正确。

④办理挂失操作是否经过相关人员审核、授权。

⑤密码的挂失、申请、存单（折）的挂失补开，是否由客户本人亲自办理，补开新单折手续是否符合规定。

⑥解挂的办理手续是否齐全，是否对有关要素进行审核。

⑦处于挂失状态的存款账户，在挂失期间是否有借方业务发生（协议约定代扣款业务除外）。

（6）存款查询、冻结、扣划处理

①是否认真核实有权机关执法人员的证件及有权机关签发的协助查询冻结、扣划存款通知书的内容。

②是否建立和完善协助查询、冻结和扣划工作的登记制度，在协助有权机关办理查询、冻结和扣划手续时，是否对有权机关名称、执法人员姓名和证件号码，金融机构经办人员姓名，被查询、冻结、扣划单位或个人的名称或姓名，协助查询、冻结、扣划的时间和金额，相关法律文书名称及文号，协助结果等内容进行完整的登记。

③是否经其他有权人员审核、授权。

④存款冻结期限是否符合相关的规定，办理续冻、解冻操作时，相应的手续是否齐全。

⑤处于冻结状态的存款账户，在冻结期间内是否存在将应当协助实行的款项用于还贷还息等其他收付业务。

⑥办理扣划业务时，扣划的存款是否直接划入有权机关指定的账户，是否存在直接提取现金的现象。

（7）重要空白凭证管理

①对重要空白凭证是否严格执行入库、登记、领用和交接手续，定期进行盘点查库。

②是否配备专人对重要空白凭证库进行管理，并建立重要空白凭证领用、保管登记簿，严格领用手续，合理控制领用数量。

③重要空白凭证的使用是否坚持“顺序使用、即时销号、人离证收”的原则，使用中是否存在预先加盖印章备用情况，是否有跳号使用的现象。

④作废凭证是否按规定进行销号处理，并加盖“作废”戳记，同时将作废凭证号在登记簿上注明。

⑤柜员办理重要空白凭证移交时是否做到当面交接，交接柜员是否做到逐份清点，并在交接簿上做好记录。

⑥网点负责人和会计主管是否坚持定期或不定期地对重要空白凭证的结存数量进行一次清查核对，并在登记簿上进行登记。

⑦重要空白凭证是否按规定纳入表外科目进行核算，对出售或使用的凭证是否及时记账销号。

（8）休眠账户管理

①是否对休眠账户进行单独管理，休眠账户余额是否及时从存款账户转入休眠账户总账。

②对休眠账户的印鉴卡是否保持双向控制。

③是否书面通知长期不动户客户前来销户或重新启用账户，对长期不动户的重新启用是否经过授权。

（9）存款业务事后监督检查

①是否配备专人负责事后监督，实现业务与监督在空间与人员上的分离，是否存在事后监督人员到所监督的营业网点代班、顶岗的现象。

②事后监督人员接收临柜人员的业务凭证资料、交接手续是否齐全完整，是否认真核对交账清单及所附凭证明细，并做好记录。

③事后监督人员是否做好对柜员业务凭证的审查工作，在事后监督系统中逐笔勾兑流水、核对账户信息，检查凭证要素是否真实、准确，账务是否平衡，审查业务操作中是否存在越权行为。

④对于事后监督中发现的问题，是否做好记录，并及时向经办人员指出，及时进行纠正；对较大差错或事故，是否及时向上级反映。

（10）其他存款业务内控制度的有效性测评

①是否执行营业网点重要岗位的请假、轮岗制度。

②是否执行对工作人员非营业时间进入营业场所、电脑延长开机时间等重要事项的审批登记制度。

③是否执行“印、押、证”三分管制度，使用和保管密押的人员是否保持相对稳定，人员变动是否经主管领导批准，并办理交接、登记手续。

第四节 资产负债管理审计

一、资产负债管理审计概述

（一）资产负债管理审计的意义

资产负债管理又称资产负债比例管理，它是现代商业银行宏观管理的主要内容之一，即通过对资产、负债的对照、对应分析和综合性管理，对经营的各类资产和负债以比例形式在量和质上作出一般限定，使之在总量上平衡、结构上优化，从而实现资金的营利性、流动性和安全性的最佳组合，以及经营风险的最小化和收益的最大化，达到自我约束、自我发展的目的。

资产负债管理不仅是商业银行用于自律的基本方法，也是各国金融监管当局对商业银行进行非现场监管的基本手段，以及审计人员对商业银行实施审计活动、评价商业银行经营管理水平的重要依据和手段。

当前，开展资产负债管理审计，对促进我国商业银行真正成为现代商业银行，在国内、国际竞争中提升经营管理水平，增强竞争能力具有特别的重要意义。通过审计，可以促进商业银行更好地做好资产负债比例管理工作，按照国际惯例管理经营商业银行，不断提高我国商业银行的竞争力。通过审计，可以促使商业银行努力实现各项监控、监测指标，积极动员资金，合理有效地使用资金，在执行国家金融法规、产业政策和保证资金安全性、流动性的前提下，实现最大的利润，从而激发商业银行的积极性，提高全社会的资金使用效益。通过审计，可以督促中国人民银行和银行业监督管理委员会加强对商业银行资产负债比例管理的监督和考核，从而增强中国人民银行对信贷资金的宏观调控，全面完成宏观经济调控指标和任务，促进信贷计划的实现。

（二）资产负债管理审计的对象

资产负债管理审计的对象，就是资产负债管理的内容。根据《中华人民共和国商业银行法》，中国人民银行制定的对商业银行实行资产负债比例管理的办法和商业银行内部制定的资产负债比例管理的相关规定，商业银行资产负债管理一般包括资产负债流动性管理、资产负债风险性管理和资产负债效益性管理三个方面。

1. 资产负债流动性管理

资产负债流动性管理是关于商业银行支付能力、变现能力的管理。它包括了备付金比例管理、流动性比例管理、存贷比例管理、中长期存贷款比例管理、拆借比例管理等。其目的是控制长期资产的最高限量、保持流动资产在最低限量以上，提高资金的流动性，以满足必要的贷款和客户提存的需要。

2. 资产负债风险性管理

资产负债风险性管理是关于商业银行资产负债表内业务和表外业务有关的风险的管理。主要包括信用风险管理、市场风险管理、流动性风险管理、操作风险管理、利率风险管理、法律风险管理和声誉风险管理等。具体指标包括资本充足率指标、风险权重资产比例指标、资产质量指标、单个贷款比例指标等。其管理目标是把资产负债风险控制在安全区间内，降低或分散风险，提高资产质量和资金的安全性。

3. 资产负债效益性管理

资产负债效益性管理是指在保证商业银行资产与负债的风险性和流动性的前提下，有效地筹措和供应资金，尽可能提高资金的利用率和周转速度，降低负债成本，提高资产营利水平，强化贷款利息回收，促使商业银行改善资产和负债的效益结构，使银行以最小的投入获取最大的利润，它包括营业收入、营业成本、投资收益，营业外收支利润及其分配的管理等，具体指标包括营利性指标、成本性指标、应收利息指标等。

（三）资产负债管理审计的依据

资产负债管理审计的依据是指用以衡量和判断资产负债管理的真实性、合法合规性的尺度。资产负债管理审计的主要依据包括相关法规中有关资产负债管理业务的规定和商业银行自己制订的计划、定额、经济技术指标和规章制度等。这些法规制度主要有《中华人民共和国审计法》《中华人民共和国商业银行法》《中华人民共和国会计法》《金融违法行为处罚办法》《金融保险企业财务制度》《金融企业会计制度》《商业银行资产负债比例管理监控、监测指标和考核办法》等。其中，对商业银行资产负债管理业务审计方面问题认定的主要法规条款有：《中华人民共和国会计法》第三条、第九条、第十条、第二十五条、第二十六条和第三十一条的规定；《中华人民共和国商业银行法》第三十九条的规定；《商业银行资产负债比例管理监控、监测性指标》中的监控性指标、监测性指标、资本成分和资产（表内外）风险权数、信用转换系数，以及表外项目释义等规定。

二、资产负债管理的内部控制审计

（一）资产负债管理业务内部控制的调查

对于商业银行资产负债管理业务内部控制的调查可采取调查表法、流程图法和文字说明法中的任何一种，也可三种方法结合使用。

调查内容主要包括：①是否成立专门的资产负债管理委员会负责资产负债管理，以确保银行业务与利率风险相匹配，并实现有序管理；该委员会是否由银行领导和能对资产负债结构或营利水平产生重要影响的业务部门经理组成；是否授权该委员会对各业务部门进行工作指导。资产负债管理委员会是否根据银行管理当局制定的经营目标，对资产负债进行全面管理。②是否制定备付金比例、流动比例、中长期存贷款比例等指标的评价考核制度。③是否制定资本充足性比率、贷款、投资等资产项目和存款稳定性、流动性等负债项目的风险控制指标的评价考核制度。④是否制定营利指标、成本指标等效益指标的评价考核制度。⑤资产负债管理委员会是否认真地、经常地分析、研究、检查各项指标的执行情况。⑥资产负债管理委员会是否根据银行经营环境的变化，能够及时对资产负债增长变化情况，以及其他需要研究报告的事宜作出反应。⑦商业银行上级行是否对所属行实行定期考核，并制定了较健全的考核制度。

在进行上述内容的调查过程中，审计人员应针对每项调查内容作出“是”或“否”以及“不适用”的判断，以便全面了解被审计单位资产负债管理业务内部控制的基本情况。

（二）资产负债管理内部控制的符合性测试

通过内部控制的调查，只能了解和掌握资产负债管理业务的内部控制是否建立，是否完善，即只能作一般的、大概的、形式上的了解和掌握，却无从确切地了解和掌握内部控制实际贯彻执行中的可行性和有效性。因此，在完成对资产负债管理业务内部控制的调查之后，须对资产负债管理业务内部控制进行符合性测试。

1. 资产负债流动性管理方面内部控制的测试

资产负债流动性管理方面内部控制的测试，采用查询法进行。具体测试内容有：①取得与资产负债流动性管理有关的内部管理控制制度、报告、记录等资料，以核实内部控制是否存在。②询问有关业务人员在日常资产负债管理活动中执行内部控制的情况，可主要询问中项基础数据统计上报、指标计算、指标分析等程序情况，证实制度的执行情况及发挥作用的程度。③询问有关考核指标不合规情况下，银行管理当局采取的主要改进及完善措施情况。

2. 资产负债风险管理方面内部控制的测试

对资产负债风险管理方面的内部控制测试主要采用抽查法进行，具体包括以下几个方面。

（1）资产风险管理情况的抽查

①贷款风险控制情况的抽查。主要是有关贷款业务管理档案资料和规章制度的抽查，即是否按规定实施贷款“三查”制度，是否根据借款人的资信状况选择正确的贷款方式。

②投资风险控制情况的抽查。主要是有关投资业务合同资料等的抽查，审查是否正确处理证券投资风险与投资收益的关系，即在保障安全的前提下实现投资风险收益最大化；审查各项投资组合是否恰当。

③利率风险控制情况抽查。主要是抽查有关银行利率变动表和存、贷款结构变化表等资料，审查商业银行是否适应国家利率调整变化，及时调整敏感性缺口，以避免利率风险损失。

（2）负债风险管理情况的抽查

负债风险管理情况的抽查，主要是审查商业银行负债流动性控制情况，即审查商业银行在急需资金时，是否按合理的价格成本借入足够的资金来满足需要，商业银行资产和负债的期限结构是否大致对称。

3. 资产负债效益性管理方面内部控制的测试

对资产负债效益性管理方面内部控制的测试，主要采用审查法。测试内容如下。

（1）效率原则的执行情况

审查商业银行是否已实现管理的高效率，能否最大限度地筹措资金，能否不断提高资金的周转效率。

（2）增收节支原则的执行情况

审查商业银行是否在财务管理中将增收与节支合理地结合，不断扩大收入来源，减少费用成本开支。

（3）“三性”原则均衡执行情况

审查商业银行在业务经营过程中，是否将流动性、安全性和营利性有机地结合，协调管理。

（三）资产负债管理内部控制的评价

对资产负债管理内部控制进行调查和测试之后，审计人员应在调查和测试的基础上，对内部控制的健全性和有效性作出评价，确认资产负债管理内部控制风险估计水平是高、是低，或者居中，并据以确定实质性测试的范围、重点和规模。评价应从以下几方面进行。

1. 评价资产负债管理内部控制的健全性

主要评价内部控制制度设计是否合理、完善，是否覆盖了资产负债管理的各个方面，是否符合资产负债管理的客观实际等。

2. 评价资产负债管理内部控制的有效性

主要评价各项控制措施是否发挥了应有的作用。

三、资产负债流动性指标审计

在商业银行的经营活动过程中，一般有两种情况涉及流动性问题：一种情况是客户提取或兑付的要求是有规律或较有规律的，对此，银行能够较精确预计并做好安排；另一种情况是突发的客户提存和要求兑付，对此，银行很难预料，但如不能妥善应对，会立即陷入破产清算之中，所以，银行的流动性原则是至关重要的。为了保持流动性，银行在安排资金运用时，一方面要力求资产具有较高的流动性；另一方面则必须力求负债结构合理并能保持自己有较多的融资渠道和较强的融资能力，而银行资产负债流动性的大小，以及流动性应保持在一个什么样的水平，就必须通过流动性指标来衡量。因此，资产负债流动性指标审计是资产负债管理审计的重要内容，而反映及影响资产负债流动性大小的指标主要包括备付金比率、资产流动性比率、中长期贷款比率、存贷款比率、拆借资金比率、流动性资产对全部存款的比率。其中，前五个指标是中国人民银行制定的商业银行资产负债比例管理的监控性指标。

（一）备付金比率指标的审计

备付金比率是商业银行在中央银行的备付金存款和库存现金与各项存款的百分比。它反映金融机构满足客户需求直接或即时支付的能力，是保障金融机构流动性能力的第一道防线（第一准备），它分为人民币备付金比率和外汇备付金比率两个指标。

中国人民银行规定人民币和外汇的备付金比率均不得低于5%。因此，在对上述两个指标审查时，首先要调阅被审计金融机构的资产负债表和相关业务状况表等资料，复算备付金期末余额及库存现金期末余额与各项存款期末余额之比是否达到指标的规定要求：审查指标各项目数据是否按照中国人民银行规定项目采集数据，是否严格按照中国人民银行核定比例执行。该指标如果低于规定比率标准，即在3%~5%时，说明支付能力不足；在3%以下时，说明支付能力严重不足；如果高于规定比率标准5%，且高出许多时，说明存在资金闲置浪费现象。

（二）资产流动性比率指标的审计

资产流动性比率是通过流动负债的对应制约来保证资产具有相应的流动性，反映银行资产特别是信贷资产满足客户随时支付的变现能力。它是保障商业银行流动能力的第二道防线（第二准备），这一比例指标分别对人民币、本外币、外汇计算。

流动性资产是指库存现金（现汇）、在中国人民银行的备付金存款、一个月内到期的同业拆出款、一个月内到期的存放同业款、一个月内到期的贴现及其他买入票据、一个月内到期的其他应收款、一个月内到期的贷款（不含逾期贷款）、一个月内到期的经中国人民银行批准发行的债券、在国内国外一级市场上（不含柜台交易）随时可以抛售的债券、其他一个月内到期可变现的资产；流动性负债是一个月内到期的同业拆入款、一个月内到期的同业存放款、活期存款（不含财政性存款）、一个月内到期的定期存款（不含财政性存款）、一个月内到期的各种已发行的债券和票据、一个月内到期的应付款、一个月内到期的向中央银行借款、其他一个月内到期的负债。该比率强调实在的流动性，它是在对资产负债都作了分析选择的基础上，计算出来的一个指标，所衡量的是银行能够在一个月内对银行存款及拆入款项的随时偿付能力。

（三）中长期贷款比率指标的审计

中长期贷款比率是通过限定用于中长期贷款的资金数量，防止过多地使用短期资金来源发放中长期贷款，保证中长期贷款与负债期限结构的匹配。这一比率指标分别对人民币、外汇进行计算。

由于中长期贷款应以中长期的稳定的资金来源作保证，所以，中长期贷款比率的高低也成为衡量流动性大小的一个指标。一般来说，若该比率为1，意味着其中长期存款支撑的中长期贷款与其自身相当，对流动性影响不大；即使该比率适当高于1也无妨，因为存款中总有一定规模的稳定的活期来源。但是如果该比率超过1很多，则应引起注意，因为这将预示着银行资金存在短存长贷，流动性变差。为此，中国人民银行规定，商业银行这一比率的人民币指标和外汇指标分别不得超过120%和60%，因此，在审计时，首先要调阅被审计银行的资产负债表等资料，然后进行复算，检查该银行是否按规定将余期1年以上的中长期贷款余额人民币指标和外汇指标分别控制在余期1年以上存款余额的120%以内，外汇贷款期末余额的60%以内。如果人民币指标超过120%，说明该银行中长期贷款资金来源中有相当一部分来源于短期负债，这会导致资产负债的期限结构趋于恶化，不能保持应有的资产流动性；如果该指标接近于120%，说明银行资金利用率高，资产负债结构趋于合理，能够保持较高的流动性。

（四）存贷款比率指标的审计

为了保证存款人支付的需要，商业银行吸收的存款不能全部用于发放贷款，超过规定比例，即意味商业银行超负荷经营，这是信贷总量控制的核心指标。该指标分别按人民币、本外币合并、外汇三种口径进行计算。

中国人民银行规定，存贷款比例不得超过75%（其中，外汇各项贷款与外汇各项存款之比不得超过85%），因此，在对这一指标审计时，首先要调阅资产负债等资料，复算各项贷款期末余额与各项存款期末余额，审查是否按规定将各项贷款期末余额控制在75%以内。如果存贷比例超过75%，说明存在超负荷经营，资产流动性下降，支付能力降低；如果存贷款比例接近75%，说明资金利用率提高，营利能力强；如果存贷款比例远远低于75%，虽然说明资产负债流动性增强，但资金利用率低下，营利能力较低。

（五）拆借资金比率指标的审计

拆借资金比率，分为拆入资金比率和拆出资金比率。

拆借是一种融通头寸资金及短期资金的市场借贷行为，为防止短资长用，损害金融体系的安全性和流动性，中国人民银行对金融机构拆入拆出人民币资金余额作出了明确的限制，规定拆入资金余额与各项存款余额之比不得超过4%，拆出资金余额与各项存款余额之比不得超过8%，因此，对拆借资金比率审查时，要根据资产负债表等资料，复算拆借资金比率是否控制在中国人民银行规定的比率之内，分析是否存在短资长用的现象，即是否有利用拆借资金扩大贷款规模，进而影响资产负债流动性的违规行为。

四、资产负债风险性指标审计

（一）资本风险比率指标的审计

一般说来，商业银行的资本即为自有资本，它代表着对银行的所有权，可以弥补资产损失和经营亏损，在银行损失和银行安全之间起着一个缓冲带的作用。银行资本越充实，其安全性越好。但是资本比例增大，则银行资本营利就会减少，所有者利益就要受损。为此，商业银行应保持一个合适的资本量。资本风险比率就是用来衡量银行资本与资产负债风险预期程度相对是否充足的一个尺度。常见的资本风险比率有资本与资产比率、资本与贷款比率、资本与存款比率。

1. 资本与资产比率审计

资本与资产比率是把银行资本与全部资产进行对比，表明银行自有资本对其资产的覆盖程度，它既反映银行独立性的大小，又反映银行承担风险的能力。

一般来说，该比率越高，说明该银行比同类银行这一指标较低的发展有可能更快一些，其抵御风险承受风险损失的能力也越强，存款人利益更有保障。但是，比率过高也是不正常现象，反映银行经营方式不佳，借贷业务等金融业务开展不理想。该比例最低应为5%左右，否则会使资产调度余地过小，风险太高。所以，对该比率指标进行审计时，首先调阅资产负债表等资料，复算资本总额与资产总额数据是否真实准确，然后分析资本与资产比率是否过高或过低，并针对比率过高或过低现象提出整改建议。

2. 资本与贷款比率审计

资本与贷款比率是将资本与贷款相比，反映银行承担风险的能力。

对银行来说，贷款利息收入是主要营利来源，但贷款特别是对工商企业贷款的违约风险是随时存在的，而银行资本则在某种程度上可以作为一种缓冲力，缓解损失和安全之间的矛盾。

3. 资本与存款比率审计

资本与存款比率是将银行资本与存款联系起来，反映银行对存款的清偿能力。保持合适的比率，可以防止银行存款的无限增长导致负债过重，鼓励银行保持充足的资本量，提高自身支付能力，加强安全防范。

一般认为，该比率达到10%为宜，低于10%表示资本量不足。所以对该比率指标审计时，应以10%为评判标准，审查比率指标是否低于10%，是否存在信用极度膨胀和经营风险。该比率的下降，通常被认为是信用极度膨胀和经营风险的信号。

（二）利率风险比率指标的审计

利率风险是市场利率的变动给商业银行的资产收益和负债成本带来的不利影响。

利率风险取决于资产负债的期限结构、利率结构和利率缺口（指期限和利率类型都相同的资产数量与负债数量不对称或不匹配）以及市场利率的变化。利率风险衡量方法大多采用衡量资产和负债的敏感度。

利率敏感性资产是指那些在市场利率发生变化时利息收入也相应变化的资产，如可变利率贷款；利率敏感性负债是指那些在市场利率发生变化时其利息支出也相应变化的负债，如可变利率存款。

一般情况下，利率敏感度等于1时，表明利率敏感性资产与利率敏感性负债一样多，利率风险几乎为0。若该比率大于1，说明利率敏感性资产多于利率敏感性负债，敏感性缺口为正缺口，则利率上升时，利息收入大于利息支出，银行收益增加；反之，利率下降时，则利差减少，银行利率风险加大，对银行不利。若该比率小于1，则敏感性缺口为负缺口，利率上升时，利息收入小于利息支出，利率风险形成；反之，利率下降时，则利差扩大，银行获利。因此，审计时，首先依据已掌握的资产负债表等资料，认真分析了解利率敏感性资产和利率敏感性负债的构成，复算利率敏感性资产合计数与利率敏感性负债合计数，对该比率指标的计算结果进行初步核实。其次，对审计期间内重新定价的资产金额与同期重新定价的负债金额进行比较，确定敏感性缺口为正缺口或为负缺口，并进行利率敏感性测试，判断利率风险的大小。

（三）资产风险比率指标的审计

银行资产风险按性质可分为两类：第一类是受外部因素影响形成的，如利率风险、汇率风险等；第二类是受内部因素影响造成的，如信用风险、流动性风险、经营管理风险等。在各类金融资产风险中，一般来说第一类风险是共同的、普遍的，第二类风险是个别的、特殊的。但出于种种原因，目前存在最多、影响最大的风险是第二类风险，特别是信用风险，由于贷款等业务的债务人大量、长期拖欠清偿或丧失清偿能力而造成银行资产损失，银行营利水平下降，抵御风险能力降低的现象普遍存在。另一方面，作为债权人，银行自身经营管理水平不高、决策失误和经营不善也是风险资产不断上升、营利水平相对下降的一个主要原因。因此，对资产风险进行审计，也就成了资产负债管理审计的重要内容。常见的衡量资产风险的比率有风险加权资产比率、流动性资产比率、贷款风险比率等。

1. 风险加权资产比率的审计

风险加权资产比率将银行表内、表外风险加权资产与资产总额联系起来，反映了银行资产质量的实际状况。

该比率越高，反映银行资产的风险越大。因此在审计时，首先要调阅资产负债表及相关资产风险权数规定等资料，初步核实加权风险资产和资产总额数据，复算该比率指标数据。其次，进行总账和分户账核对，对抽样资产进行分类、计算和分析，审查是否对资产风险采取了各种防范控制措施，各种措施是否有效。最后，审查风险资产管理中是否存在问题，并对发现的问题进行认定和评价。

2. 流动资产比率的审计

流动资产比率是商业银行流动资产与总资产的百分比，是衡量商业银行总资产中流动资产所占比例的比率。

该比率越大，短期内可收回或可变现资产就越多，资产风险越小。该比率越小，短期内可收回或变现资产就越少，资产风险就越大。当然该比率也不是越大越好，如果该比率过高，就会使银行营利能力降低，不利于银行的长期稳定发展。对该比率指标审计时，首先要调阅资产负债表和资产业务状况报表，了解流动资产构成和种类，对流动资产比率进行复算。其次，调阅流动资产分户账进行总账和分户账的核对，查清流动资产的划分是否符合规定。最后，分析评价流动资产比率是否能够满足资产增长和控制风险的需要。

3. 贷款风险比率的审计

贷款比例相同的银行，贷款质量不同，则安全程度有别。同样，贷款资产的分散程度不同，也会影响银行的安全性。对贷款风险的审计，主要是通过衡量贷款风险的不良贷款率、贷款风险度和单个贷款比率三个指标的审计来进行。

（四）负债风险比率指标的审计

一般来说，商业银行总是希望在平均成本最低的基础上获得最为稳定的负债。以降低不稳定负债给银行带来的流动性风险。而负债的稳定性主要依赖于存款的稳定性，所以存款稳定率是衡量负债风险的主要指标。

负债的稳定性及其成本的高低，与负债的期限、种类和结构密切相关。从整体而言，短期负债的比重越大，整体稳定性就越差，负债流动性风险越大，但成本也越低；而定期存款等稳定性负债比重越大，整体稳定性越高，负债流动性风险越小，但成本也越高。因此，审计时，首先要阅读分析资产负债表和相关资料中，负债的期限结构、种类结构。其次确定短期负债所占比重的大小，以及定期存款等稳定性负债所占比重的大小，判断存款稳定率和负债风险的大小，并帮助被审计银行及时调整负债结构，在稳定性和成本之间寻找一个合适的均衡点。

五、资产负债效益性指标审计

（一）营利性比率指标的审计

衡量金融机构营利性比率指标主要有利润率、资本金利润率、资产利润率。

1. 利润率指标审计

利润率是金融机构的利润总额同全部营业收入的比率，反映金融机构全部业务的获利能力。

由于利润率的高低受利润总额和营业收入两个因素影响，因此，在审计时，首先要调阅利润表和营业收入明细表，了解利润总额和营业收入的构成，审查利润总额和营业收入是否真实，有无多计或少计收入的问题。其次，结合资产负债结构，对营利的来源和稳定性进行分析评价，检查主要有哪些因素影响当期利润，如非生息资产的水平是否合理，是否存在大额的非经常收入等。最后，分析利润总额和变化趋势，对比同行业数据和历史数据，对营利能力作出评价。

2. 资本金利润率审计

资本金利润率是用来说明金融机构利润总额同全部资本金的关系，表明金融机构拥有资本的营利能力。它不但反映了从营利中增加资本的潜力以及资本运用效率的大小，而且决定了股东收益的多少并影响股价和股市行情。

由于该比率是反映金融机构综合营利能力的通用指标。因此，审计时，首先，根据利润表和资产负债表相关项目数据，复算该比率指标数据，检查比率指标的计算是否正确；其次，审查利润总额和资本金的来源是否可靠真实，资本金与实收资本是否相符；最后，采用对比分析法，将本期和上期、计划与实际、本行与同类银行先进水平进行比较，分析评价资本金利润率水平及其变化趋势。

3. 资产利润率审计

资产利润率是指金融机构的利润总额与金融机构平均资产总额的百分比。

该比率把金融机构一定时期的净利润与所运用的资产相比较，表明了金融机构资产利用的综合效果。因此，审计时，除了依据前述两个比率指标的审计程序，对利润总额进行审查外，还要对平均资产总额的计算是否准确、数据来源是否真实可靠进行审查，并通过审查了解资产分布及其结构，了解低营利性资产及高营利性资产在资产总额中所占的比重及其增减变动情况和趋势，了解非营利性资产在资产总额中所占的比重及其增减变动情况和趋势，审查分析各类资产的增减变动对该比率指标的影响程度及造成影响的原因。最后将该比率指标与计划指标、与历史数据、与同行平均水平的资产利润率进行对比，分析差异形成的原因，合理评价金融机构营利能力，并对挖掘提高利润水平的潜力提出建议和对策。

（二）效率性指标的审计

衡量金融机构营利效率的指标主要有储蓄存款成本率、成本率、费用率、利差率、资产费用率等。

1. 储蓄存款成本率审计

储蓄存款成本率是指金融机构吸收万元储蓄存款需投入多少成本。该比率指标越低，说明金融机构吸收储蓄存款所需成本越少，效益越高。因此，审计时，首先是调阅资产负债表和损益表，复算该指标，检查指标计算是否正确，各项数据的来源是否真实正确；其次是将当期实际指标值，与历史数据、同行平均水平进行对比，审查分析差异形成的原因，提出缩小差异的措施和建议。

2. 成本率审计

成本率是金融机构总成本与营业收入的比率。它表明金融机构取得营业收入与耗费成本支出的关系。

总成本在利润表上反映为营业支出，营业收入是指利润表中的全部营业收入数。成本率上升，说明金融机构每百元营业收入的成本高，营利减少；反之，成本率下降，说明金融机构的成本开支减少，营利增加。因此，审计时，首先调阅利润表，审查总成本和营业收入的构成，数据是否真实准确，总成本是否包括了各项营业支出，营业收入的范围是否全部包括，有无人为减少或增加的现象；其次，复算该比率，检查指标数据计算是否正确，是否反映了金融机构的客观实际情况；最后，是将该比率的实际指标值，与计划数据，与历史数据，与同行平均水平进行对比，找出存在差异的原因，提出降低成本率的措施和建议。

3. 费用率审计

费用率是指金融机构的营业费用占其营业收入的比率。由于考虑到金融机构往来和系统内部调拨具有一定调节性，所以，用来考核费用率的营业收入，应剔除这一因素影响。

该比率指标是用来评价金融机构在费用上是否执行了节约原则，有无浪费现象。审计时，首先审查业务管理费的构成，检查是否存在不合理的费用支出项目；是否存在将业务管理费转入成本项目进行核算，达到降低费用率目的的情况。其次，审查营业收入中是否剔除了金融企业往来利息收入项目，检查是否存在人为增加营业收入达到降低费用率目的的情况。最后，将本期费用率实际指标值，与计划、历史数据、同行平均水平进行比较分析，检查是否存在差异，差异的原因是什么，并提出降低费用率提高金融机构效益的措施和建议。

4. 利差率审计

利差率是指金融机构净利息收入与商业银行赢利资产相对比所确定的比率。营利资产是指能够获得外部利息收入的资产。金融机构非营利资产主要是现金资产、固定资产、长期待摊费用等资产负债表项目以及表外其他一些项目，如托收未达款项、预付费用等。由于金融机构收入主要来自营利资产，所以，一般情况下，该比率越高，表明金融机构营利资产获利能力越强，经营效益越好。因此，审计时，首先是调阅损益表和资产负债表等资料，复算利差率指标计算是否准确，指标各项目数据来源是否真实可靠，有无多计利息收入、少计利息支出的情况，所有营利资产项目是否全部包含在内。其次，将本期利差率实际指标值，与计划、历史数据、同行平均水平进行比较分析，检查分析存在差异的原因，并提出提高利差率的措施和建议。

5. 资产费用率审计

资产费用率是指金融机构为了形成各种营利和非营利资产所发生的费用水平。

该指标把金融机构一定时期的营业费用支出与所运用的资产相比较，表明了资产利用的成本水平。比率越低，表明资产利用成本越低，费用支出越少，金融机构增收节支方面的效果越好。对该指标审计时，主要审查营业费用支出项目数据和平均资产总额数据是否真实准确，各项费用支出是否合规合法，费用支出是否严格控制在限定范围以内，是否存在人为调整现象等。

第五节 其他业务审计

一、证券业务审计

（一）证券业务审计概述

1. 证券业务审计

实施市场经济，就必须要有证券市场。建立发展健康、秩序良好、运行安全的证券市场，对我国优化资源配置、调整经济结构、筹集更多社会资金、促进国民经济发展具有重要作用。但是，对于证券市场的消极因素和风险，我们需要有清醒的认识。证券业务的金融性特征使国家需要对证券业务进行审核和监管，因此需要证券业务审计。

2. **证券业务审计的风险**

（1）政策不完备引发的风险

由于我国证券业发展比较晚，证券业政策、法规不完善且相对变化频率较快，这不仅为证券公司的经营带来很大的风险，也在审计依据、方法、标准等方面带来风险。

（2）证券公司违规引发的风险

我国证券业发展的特殊历史条件、相关法律建设的现状及证券业巨大利润的诱惑，使得我国股市发育尚不成熟，证券公司有意无意地违规成为普遍现象。这势必会使审计人员面临更大的审计风险。

（3）证券业务本身的风险

根据《中华人民共和国证券法》的规定，证券公司必须将其证券经纪业务、证券承销业务、证券自营业务和证券资产管理业务分开办理，不得混合操作。由于证券公司内部管理薄弱，这一原则得不到完全、严格的遵循，因此也会产生风险。

（4）因规避各种税收产生的风险

鉴于我国各地区在税收方面享有一定的优惠政策制定权限，部分证券公司出于税务筹划的考量，采取了一系列策略以规避税收风险。具体而言，这些公司可能会将收入转移至处于亏损状态的总部或营业部，或者将其调配至对证券公司所得税实施优惠政策的城市营业部。在此过程中，这些证券公司在其实际经营所在地并未履行相应的税务申报手续，以此方式来隐匿经营所得及其他应税收入。这种做法的目的在于减轻税务负担，但同时也可能带来潜在的税务合规风险。因此，证券公司在进行此类税务筹划时，需谨慎权衡，确保在合法合规的前提下进行，以维护企业的长远利益和良好税务信誉。

（5）计算机技术带来的审计风险

计算机在该业务范围内的广泛覆盖，一方面对审计人员的计算机水平提出了较高的要求；另一方面也因程序本身的人为问题或程序缺陷造成的问题加大了审计风险。

（二）证券业务审计的内容

1. 证券业务内部控制审计

（1）公司经营的合规性审计

公司经营的合规性审计，主要包括：公司（包括证券营业部，下同）是否有经营经济业务的许可；重要岗位（如证券营业部负责人、财务主管和电脑主管等）是否在回避的基础上实行委派制和定期轮换制；公司负责经济业务管理的高级管理人员是否有相应的证券从业资格；公司拨付下属证券营业部营运资金总额是否超过其注册资本金的80%；公司对所属营业部的客户交易结算资金的管理模式是否适合公司的实际经营状况、保证资金安全；公司的网络系统是否能随时反映或掌握所属营业部的交易情况（及时的或隔天的）；公司下属证券营业部是否以合资、合作方式设立，是否存在以承包、租赁方式经营的情况，是否有伪造涂改、出租、出借、转让许可证的行为；公司下属证券营业部是否下设证券服务部，下设的证券服务部是否获得中国证监会的批复；公司是否下设其他远程服务终端，其远程服务终端是否以合资、合作方式设立，是否存在以承包、租赁方式经营的情况，其他远程终端是否有演变成营业场所的情况等。

（2）经纪业务控制情况审计

经纪业务控制情况审计，主要包括：开户客户的开户证件是否合法，开户手续是否齐全；客户资料的保存是否完备；是否存在法人以个人名义开立账户的情况，是否存在个人开立多个股票账户或资金账户的情况，客户的股票账户和资金账户是怎样的对应关系，对应关系是否明确；公司有无以个人名义开立账户的情况；开户资金的存取程序和授权有无审批制度；开户取款是否三证齐全；公司有无为客户保密的具体措施，开户账户加密、清密程序；公司银证通业务的运行方式；公司办理经纪业务是否有统一制定的证券买卖委托书供委托人使用，采取其他委托方式的业务是否做出委托记录；公司接受证券买卖的委托是否根据委托书载明的证券名称、买卖数量、出价方式、价格幅度等，按照交易规则代理买卖证券；买卖成交后，是否按照规定制作买卖成交报告单交付客户或定期寄送对账单并保证其真实性；公司接受委托卖出证券是不是客户证券账户上实有的证券；公司接受委托买入证券是否以客户资金账户上实有的资金支付；公司办理经纪业务，有无接受客户的全权委托而决定证券买卖、选择证券种类、决定买卖数量或者买卖价格的情况；公司有无以任何方式对客户证券买卖的收益或者赔偿证券买卖的损失做出承诺；是否以交易佣金成分（返佣）等不正当竞争方式吸引投资者；证券交易的收费是否合理，是否公开收费项目、收费标准和收费办法；是否有不在规定时间内向客户提供交易的书面确认文件的情况，是否有挪用客户所委托买卖的证券或者客户账户上的资金的情况，是否有私自买卖客户账户上的证券，或者假借客户的名义买卖证券的情况；是否有为牟取佣金收入，诱使客户进行不必要的证券买卖的情况；交易是否如实进行记录，是否有虚假记载；客户的证券买卖委托记录是否真实并按规定的期限保存于证券公司；是否由交易经办人员以外的审核人员逐笔审核，保证账面与实际持有的证券相一致；营业部是否存在向客户融资的行为；网上交易有无证监会的批准；公司是否与客户就网上交易安全问题签订协议；公司网上交易有无保密措施；公司对下属营业部是否实现法人集中清算；公司清算是否及时；客户的交易结算资金是否全额存入指定的商业银行，并单独立户管理；客户交付公司代管的债权有无妥善保管；公司是否存在将客户的证券借与他人或作为担保物的行为。

（3）投行业务控制情况审计

投行业务控制情况审计，主要包括：公司是否建立投行业务的风险责任制；公司投行业务的操作流程是否根据投行业务和证券品种的不同而制定不同的操作流程、作业标准和风险防范措施；公司投行业务是否存在内核程序；公司是否建立发行人质量评价体系；公司承揽业务时是否为客户提供资金或替客户贷款提供担保。

（4）自营业务控制情况审计

自营业务控制情况审计，主要包括：公司经纪业务是否与自营业务、资产管理业务严格分开，是否有制度做保证；公司自营业务有无明确的授权、审批程序；公司自营业务的决策程序和操作程序，自营业务的管理部门、操作部门以及资金结算部门与会计核算部门是否相互分离、相互监督；公司自营业务所使用的账号，是否以个人账户进行；公司有无挪用客户交易结算资金用于自营业务；公司自营业务的核算方法是否符合准则要求；公司转入下属营业部的自营资金和自营证券是否单独核算；公司国债买卖是否通过公司自己的法人账户；公司有无出借法人账户为客户买卖国债的情况；公司自营业务有无保密措施；公司是否进行新股申购；公司是否从事过买入返售和卖出回购业务，是否还存在余额；公司是否从事过以发售代保管单等形式向个人融资业务，是否存在余额；公司有无从其他金融机构或企业拆借资金的情况。

（5）资产管理业务控制审计

资产管理业务控制审计，主要包括：公司有无专门部门负责资产管理业务，是否统一承揽业务；公司有无以任何方式对客户受托资产的收益或者赔偿代管理资产的损失做出承诺；受托资金的投资形式是否合法；公司受托资金投资是否有授权、审批程序；资产管理业务的管理部门、操作部门、资金结算部门与会计核算部门是否相互分离、相互监督；公司受托资产投资股票、债券所使用的账号，是否以个人账户进行受托资产投资业务；公司转入下属营业部的用于投资的受托资金和投资证券是否独立；公司有无用受托资金对外拆借的情况；公司资产管理业务的收益分成方式，是否有保底收益；公司受托资金是否专户存放，并与股民保证金分开。

2. 实施符合性和实质性测试

在对证券业务内部控制分析评价的基础上，进行符合性和实质性测试，具体包括：对各账户余额进行试算平衡，核对明细账、总账余额；选取具有代表性的业务样本核对开户、投资、保管、跟踪记录有关凭证等内容；直接与相关银行、经纪人及客户确认相关金额；审查所有的大额非正常项目（包括开户、交易项目）；对大额客户的交易单据、记录进行大比例抽查、核对；对证券承销业务收入、受托客户资产管理业务收入、利息收入、投资收益等收入的金额、结构进行核实和分析，对经营状况、业务盈亏、业务流程的管理情况做出客观评价。

对新准则下重新划定核算范围的专业性科目，包括“客户资金存款”“结算备付金”“拆入资金”“拆出资金”“衍生金融负债”“交易性金融资产”“卖出回购金融资产款”“衍生金融资产”“代理买卖证券款”“代理承销证券款”“存出保证金”“一般风险准备”“代理买卖证券业务净收入”“证券承销业务净收入”“受托客户资产管理业务净收入”“代理兑付证券”等进行重点核定。

二、保险业务审计

（一）保险业务审计概述

1. 保险业务审计的内容

保险业务审计是审计机关依法对保险公司的会计资料及其所反映的相应业务、财务收支情况进行的监督和审查核实。保险业务审计包括以下内容。

（1）审查保险展业、防灾和理赔工作是否做到合法、合理、真实和有效

展业、防灾和理赔工作必须认真贯彻执行国家有关方针政策和法律法规以及保险合同的规定。既要提高保险企业的自身经济效益，也要充分发挥保险促进生产和保障人民生活安定的积极作用。

（2）审查财务收支和各项经济活动是否正确、真实与合法

查明各种凭证、账目、报表等资料所反映的经济活动是否存在虚假不实、营私舞弊或铺张浪费。根据实际情况提出建议，改善保险业的经营管理。

（3）审查是否管好、用好流动资金

保险企业的流动资金是保证其履行补偿职能的保险基金。它必须在保险企业的全部资金中占相当的比重。只有管好、用好流动资金及有价证券，才能保证保险企业经营活动的正常进行。

（4）对固定资产管理进行审计监督

通过对固定资产的全面核算与监督，避免国有资产遭受损失，改进管理，提高保险企业的经济效益。

（5）对专项基金进行审计监督

保险企业专项基金有各种业务准备金、利润留成项目下的专项基金等。管好、用好各项专用基金有利于正确处理保险人与被保险人之间的经济利益关系，稳定保险事业的经营；有利于正确处理国家、企业和个人之间的经济利益关系；有利于调动职工的积极性，促进保险事业的健康发展。

（6）对保险企业偿付能力进行审计监督

保险企业只有有足够的偿付能力，才能承担补偿义务。

（7）对内部控制的健全、有效及执行情况进行监督检查

保险企业通过定期审计、专项检查、风险排查及信息化监控等方式，评估内部控制的健全、有效及执行情况。

2. 保险业务审计的主要风险

保险业务审计的风险源于保险公司业务的特点：①由于保险公司的产品是保险合同，而与合同相关的是一系列的不确定性问题，这些问题一直到保险合同到期才能有确定的答案。以寿险合同为例，寿险合同期限一般很长，与其相关的实际死亡率、投资回报率和通货膨胀率与订立保单时的预期常常会出现较大的差距，从而使保险公司的经营产生较大的风险；财险合同也面临预期损失率与实际损失率发生重大偏差的经营风险。这些业务的不确定性为审计判断带来了较大的风险。②由于保险资金投资结构的不断变化，投资渠道也日益多元化，这在加大保险资金和保险公司经营风险的同时也增加了审计风险。③由于保险行业有准备金、其他负债准备金和再保险准备金的要求，需要充足、可靠、客观地提取

各类准备金，以具备足够的偿付能力，并实现风险转移的有效性，这也是保险公司业务审计中的一个重要风险点。

（二）保险业务审计的具体内容

1. 保险业务内部控制审计

（1）产品开发审计

在产品开发方面，主要审计：是否成立产品开发领导和决策机构，并明确精算责任人和法律责任人的责任；是否建立并实施产品开发管理程序，并对新产品的开发、论证、审核等进行控制，对产品的销售、盈利和风险情况进行定期跟踪分析。

（2）销售管理审计

在销售管理方面，主要审计：是否建立并保持书面程序，对销售人员或机构的甄选、签约、解约、薪酬、考核、档案、品质管理、宣传材料管理等进行控制；是否定期对销售人员进行专业培训和职业道德教育，建立销售人员失信惩戒机制；是否对于销售过程中已识别的风险，建立并保持控制程序，并将有关程序和要求及时通报销售人员或机构，确保其遵守寿险公司相关的控制要求；是否建立并实施客户回访制度，按照有关规定确定客户回访范围和内容，对客户反馈信息进行分析整改并定期跟踪。

（3）核保核赔管理审计

在核保核赔管理方面，主要审计：是否建立了明确的核保、核赔标准，并实施权责明确、分级授权、相互制约、规范操作的承保理赔管理机制；是否明确核保核赔人员的适任条件，定期对核保核赔人员进行培训，确保核保核赔人员具有专业操守并勤勉尽职。

（4）服务质量管理审计

在服务质量管理方面，主要审计：是否建立并实施业务操作标准和服务质量标准，对销售、承保、保全、理赔等活动的服务质量进行规范管理，并建立客户服务质量考评机制和咨询投诉处理程序，对咨询投诉处理中发现的问题进行核实、分析、反馈，以进行整改和跟踪监督。

（5）再保险管理审计

在再保险管理方面，主要审计：是否建立并实施科学的分保管理流程，建立职责分明、互相制约的分保机制，合理确定自留额和分保方式，确保及时、足额进行分保。具体包括保险经纪人是否按照与再保险分出公司的约定，及时寄送账单、结算再保险款项以及履行其他义务，是否有挪用或者截留再保险费、摊回赔款、摊回手续费以及摊回费用的问题；保险经纪人是否按照与再保险分出公司的约定，将其知道的再保险分出公司的自留责任以及直接保险的有关情况及时告知再保险分入公司等。

（6）单证、印鉴、档案管理审计

在单证、印鉴、档案管理方面，主要审计：是否建立并保持控制程序，对保险单证的印刷、保管、领用、作废和核销，印鉴的刻制、保管、使用范围、使用审批、使用登记、作废和核销以及档案的保管实施控制；是否对假造重要单证、仿制印鉴等违法违规行为进行责任追究。

（7）业务处理系统审计

在业务处理系统方面，主要审计：是否建立了稳定、高效、能够对业务提供全面功能支持的业务处理系统；是否制定了业务处理系统的管理规章、操作流程、岗位手册和风险控制制度；是否实施操作权限管理，并及时根据业务和控制需要对业务处理系统进行改进。

（8）会计处理审计

在会计处理方面，主要审计：是否对不相容职务进行了规定并实施定期或不定期轮岗制度；是否保持了完整、准确的会计记录，并及时、完整、准确地提供会计信息，建立健全财务会计系统；是否妥善保管现金、有价证券、空白凭证、密押、印鉴等；会计处理是否遵循国家财政部门的统一规定；是否对资金进行了统一管理，严格控制费用开支，实行财务双签制度；是否定期核对现金和银行存款账户，保证现金和银行存款的安全；是否建立了独立的内部稽核审计部门，制定了完善的稽核审计制度，并配备一定比例的专职稽核审计人员。

2. 实施符合性和实质性测试

在对保险业务内部控制分析评价的基础上，进行符合性和实质性测试，具体包括：对各账户余额进行试算平衡，核对明细账、总账余额；选取具有代表性的保险样本核对有关保险合同、保费收取凭证、理赔和退保支付凭证、跟踪记录、投资业务有关凭证等内容；直接与经纪人、客户确认保单相关金额；审查所有的大额非正常项目（包括退保、理赔及出现与客户发生纠纷的项目）；对重要保险项下的合同、单据进行大比例抽查；对保费收入、赔款支出、未决赔款、险种结构、责任限额、案均赔款、损失率等数据进行核实和分析，对经营状况、险种盈亏、业务流程的管理情况做出客观评价。

此外，对保险准备金的审计要作为一项专门的重要内容进行。在《企业会计准则》所规定的会计科目及报表中，对保险业务的准备金有比较详细的划分，包括“长期健康险责任准备金”科目、“应收分保未到期责任准备金”科目、“应收分保未决赔款准备金”科目、“应收分保寿险责任准备金”科目、“未到期责任准备金”科目、“未决赔款准备金”科目、“寿险责任准备金”科目、“应收分保长期健康险责任准备金”科目、“存出资本保证金”科目、“一般风险准备”科目。在对这些科目进行审计时，除了要注意科目金额的核对外，还应该计算、分析其提取比例，并与相关规定对照，审核其合规性。

第六章　审计的风险管理和质量控制

第一节　审计风险因素的识别与评价

一、审计风险因素的识别

审计风险因素的识别是审计过程中的一个核心步骤，旨在确保审计工作能够有效识别并应对可能影响财务报表真实性和公正性的各种风险。这一过程包括对潜在风险源的系统分析和评估，以确定哪些区域可能存在重大错报的风险。下面是一些主要的审计风险识别方法和考虑因素。

（一）主要审计风险识别方法

1. 固有风险识别

固有风险识别是指识别与特定活动、行业或环境相关的固有风险。这些风险通常与所处环境、行业标准、技术条件、人员素质等因素密切相关。固有风险可能包括自然灾害、市场波动、法律法规变化、技术失败等。识别这些风险对于制定有效的风险管理策略至关重要，有助于组织或个人更好地应对潜在的风险和挑战。

业务性质和环境：分析企业所在的行业特性、市场竞争状况、经济环境等因素。

操作复杂性：考察企业的业务流程、交易类型的复杂度及其对财务报告的影响。

历史和趋势分析：评估企业过去的财务表现和记录的一致性，查找财务数据中的不规则波动或异常趋势。

2. 控制风险识别

控制风险识别是指确定和评估可能对组织或项目产生负面影响的风险，并采取相应的措施来降低这些风险的概率或影响的过程。

内部控制评估：通过审查和测试企业的内部控制系统（如授权机制、记录准确性、资产保护措施等）来评估控制风险。

管理层态度和完整性：评估管理层的道德标准和业务哲学，以及这些因素如何影响内部控制的有效性。

3. 检测风险识别

风险检测与识别机制旨在通过系统性地监控、深入调查及综合评估相关活动与运营环境，从而精准捕捉可能对组织或项目运营产生不利效应的新兴风险，或是既有风险态势的变动。针对审计活动的规划与实施，关键在于依据审计的具体目标，审慎选取并部署适宜的审计手段与流程，同时，需全面评估这些被选定的程序在揭露并预防误差方面的效能。此外，还需细致考量审计过程中所采纳的技术手段与辅助工具的适用性，确保它们具备足够的能力，以揭露可能存在的重大财务误报情况，从而保障审计工作的质量与成效，维护财务信息的真实性与可靠性。

（二）关键考虑因素

1. 管理层欺诈风险

管理层欺诈风险不仅对组织的经济利益构成潜在威胁，而且可能破坏组织的声誉和信誉，影响其长期发展和可持续性。因此，组织需要采取积极的措施来有效地管理和防范这种风险，包括建立健全内部控制制度、推行诚信文化、加强监督和审查机制、设立举报渠道等。只有通过这些综合的措施，组织才能更好地保护自身利益，并确保其长期稳健发展。

2. 重大经济或行业事件

评估外部事件对企业财务状况的影响，以及采取相应的风险管理措施，对于企业的长期发展至关重要。建立预警机制有助于及时发现潜在风险，并采取预防和应对措施。制定灵活的经营战略能够使企业更好地适应外部环境的变化，保持竞争优势。加强财务规划和资金管理可以帮助企业有效管理资金流动和风险，确保企业的财务健康和稳定性。综合这些措施，企业能够更加有效地管理外部风险，为自身的长期发展提供有力支持。

3. 财务比率和指标分析

财务比率分析确实是一种强大的工具，能够帮助企业评估财务状况和绩效，并及时发现潜在的风险点。通过比较不同财务指标之间的关系，可以更好地理解企业的运营情况和财务健康状况。一旦发现财务状况中的异常变化，企业可以采取相应的措施来应对潜在的风险，保障财务健康并维护长期发展。这些措施可能涉及调整经营策略、优化资金管理、控制成本、改善营收等方面，以确保企业能够应对外部环境的变化，并持续实现可持续发展。

4. 先前审计发现

审计过程中识别的问题和错误是审计工作的重要部分，企业对这些问题的响应将决定其后续的改进和发展方向。以下是一般情况下企业对审计问题和错误的常见响应方式。

纠正错误：企业首要的反应是纠正审计中发现的错误或不准确之处。这可能涉及更正财务报表、调整会计记录、修改内部控制程序等。

改善内部控制：企业可能会重新评估其内部控制制度，并对存在缺陷的部分进行改进。这包括加强审计跟踪、增强风险管理、加强监督和审查程序等。

修订会计政策：如果审计中发现了与会计政策相关的问题，企业可能会对其会计政策进行修订，以确保其符合相关法规和准则。

加强培训和教育：企业可能会加强员工培训和教育，以确保其了解和遵守财务报告要求、内部控制程序和会计政策。

改进沟通和报告机制：企业可能会改进内部沟通和报告机制，以确保审计问题能够及时被发现、报告和解决。

采取纠正行动：除了纠正错误之外，企业还可能会采取纠正行动，以弥补错误导致的任何财务或经营损失。

改进治理结构：企业可能会重新审视其治理结构，并对其进行改进，以确保内部控制和监督机制的有效性。

通过这些响应措施，企业可以有效地应对审计中发现的问题和错误，并采取措施确保其财务报告的准确性、完整性和透明度。这不仅有助于维护企业的声誉和信誉，还有助于提高其治理水平和运营效率。

（三）实施步骤

1. 数据收集

收集和分析与企业相关的财务数据、行业报告以及其他相关信息对于企业的战略制定、绩效评估和决策制定都是至关重要的。通过这些信息，企业能够更全面地了解自身的财务状况、市场地位和竞争环境，从而制定出更具针对性和可行性的战略和决策方案。这种数据驱动的方法有助于企业更加准确地识别机会和风险，并采取相应的行动，以提高竞争力并促进可持续发展。

2. 风险矩阵建立

建立风险矩阵是一种常见的风险管理工具，它能够帮助企业系统地识别和评估各种潜在风险，并且为应对这些风险提供指导。通过在数据分析的基础上建立风险矩阵，企业可以更加客观地确定风险的可能性和影响程度，从而更有效地管理风险。通过及时识别和应对风险，企业能够提高风险管理的效率，减少潜在的损失，并确保企业的长期稳健发展。

3. 讨论和确认

与企业管理层及相关部门讨论初步风险评估结果是确保风险管理工作顺利进行的关键一步。这样的讨论有助于确认风险点的有效性和相关性，以及评估所采取的风险管理措施是否合适。此外，通过与管理层和相关部门的讨论，可以促进达成共识，确保所有利益相关者对风险管理策略的理解和支持，从而提高执行的效率和成功的可能性。

4. 制定审计策略

根据识别的风险重点调整审计计划和资源分配是确保审计活动有效覆盖主要风险区域的关键步骤。这样的调整能够使审计团队更好地应对识别的风险，确保审计活动能够充分覆盖主要风险区域，并提供有价值的审计结果和建议。这种定向的资源分配和计划调整有助于审计团队更加高效地发现和评估风险，从而提高审计的质量和效率。

二、审计风险因素的评价

审计风险因素的评价是审计过程中一个核心的步骤，它帮助审计师决定哪些领域需要关注，以及应该采取什么样的审计策略和方法来应对这些风险。这一过程涉及对已识别风险的进一步分析和评估，以决定其对审计结论可能产生的影响。以下是一些关键的步骤和方法，用于审计风险因素的评价。

（一）主要的评价方法

1. 风险量化

（1）概率评估

评估某个风险事件发生的可能性是风险管理过程中的一项重要任务。对于审计师来说，通过分析过去的数据和审计发现，可以估计财务报告中出现重大错报的概率。以下是一般性的评估方法。

历史数据分析：审计师可以通过分析过去的财务报告和审计结果，了解类似的错报事件在过去发生的频率和严重程度。这种分析可以提供一个基准，用于评估未来发生类似事件的可能性。

风险因素分析：审计师可以识别和分析导致重大错报的风险因素，如内部控制不足、管理层欺诈、人为错误等。对这些风险因素进行评估，并考虑它们对财务报告准确性的影响程度，从而估计出错报事件发生的可能性。

专家意见和经验判断：审计师可以与相关领域的专家进行沟通，获取他们的意见和经验，了解他们对错报事件发生可能性的看法。专家的意见可以作为补充，帮助审计师更准确地评估风险事件发生的可能性。

统计分析：审计师可以利用统计分析方法，如回归分析、时间序列分析等，对财务数据和相关因素进行量化分析，以估计出重大错报事件发生的概率。这种方法可以更科学地评估风险事件的可能性，并提供更可靠的预测结果。

综合以上方法，审计师可以对财务报告中出现重大错报的可能性进行评估，并基于评估结果制定相应的审计策略和控制措施，以降低风险发生的可能性，保障审计工作的有效性和质量。

（2）影响评估

确定风险事件发生对财务报表的影响程度是评估风险的另一个关键方面。影响程度包括影响的广度和深度，以下是评估的一般步骤。

影响的广度：审计师需要确定风险事件可能影响到财务报表中的哪些账目或项目。这可能涉及对财务报表的不同部分进行细致的审查和分析，以确定受影响的范围。审计师可以根据风险事件的性质和涉及的业务流程，来确定可能受影响的账目和财务报表项目。例如，如果存在内部控制缺陷可能导致资产或收入的误报，那么资产账面价值或收入项目可能受到影响。

影响的深度：审计师需要评估风险事件对受影响账目或项目的影响程度有多严重。这可能涉及对财务数据的量化分析和定量评估。审计师可以使用不同的方法来评估影响的深度，例如量化分析、模拟测试、专家意见等。通过这些方法，审计师可以更好地理解风险事件的潜在影响，从而确定其对财务报表的影响程度。

综合评估：最终，审计师需要对影响的广度和深度进行综合评估，以确定风险事件对财务报表的总体影响程度。这可能需要考虑到影响可能性、影响程度以及其他相关因素，从而得出一个综合的评估结果。

通过风险事件对财务报表影响程度的评估，审计师可以更好地了解潜在的风险，并为制订相应的审计计划和控制措施提供依据。这有助于确保审计工作能够有效地覆盖可能受影响的账目和财务报表项目，提高审计工作的质量和效率。

2. 风险分类

(1) 风险等级

将风险分类为高、中、低等级是一种常见的方法，有助于审计师确定需要集中资源和时间的领域。这种分类基于风险的概率和潜在影响程度来进行评估。

高风险：高概率且潜在影响严重的风险被分类为高风险。这些风险事件可能会对财务报表和企业的经营产生严重的影响，需要审计师优先考虑和处理。高风险可能包括概率较高且影响程度重大的内部控制缺陷、重大的会计错报、管理层欺诈等。

中等风险：概率和影响程度处于高风险和低风险之间的风险被分类为中等风险。这些风险事件可能会对财务报表和企业的经营产生一定程度的影响，但相对于高风险来说，影响程度较轻。中等风险可能包括概率较高但影响程度较轻的内部控制缺陷、一般性的会计错报等。

低风险：概率较低且影响程度较轻的风险被分类为低风险。这些风险事件可能会对财务报表和企业的经营产生较小的影响，一般情况下不会引起重大关注。低风险可能包括概率较低且影响程度较轻的内部控制缺陷、次要的会计错报等。

审计师可以根据风险的分类，将资源和时间集中在高风险领域，确保对这些领域进行深入的审计和检查。对于中等风险和低风险领域，则可以采取相对较轻的审计方法，以确保审计资源的有效利用。这种分类方法有助于审计师更有效地管理审计工作，提高审计工作的效率和质量。

(2) 风险类型

识别风险的类型是审计工作中的重要一环，常见的风险类型包括固有风险、控制风险和检测风险。每种类型对审计策略都有不同的影响。

①固有风险。固有风险指与企业本身相关的风险，如行业竞争、经济环境变化、技术进步等。这些风险无法通过内部控制完全消除。

对审计策略的影响：审计师需要意识到固有风险的存在，并在审计计划中考虑到这些因素。审计师可能会增加对潜在风险的关注程度，以确保审计工作能够覆盖到潜在的固有风险领域。

②控制风险。控制风险是指内部控制体系的不足或失效导致的风险，可能导致财务报表错误或不准确。

对审计策略的影响：审计师需要评估企业的内部控制体系，并根据评估结果确定审计程序的范围和深度。如果发现内部控制存在缺陷，审计师可能会调整审计计划，增加对相关账目和流程的审计程序，以确保能够发现潜在的错误或异常。

③检测风险。检测风险是指审计程序可能无法及时发现或揭示存在的错误或异常，可能导致审计工作未能充分覆盖潜在的问题。

对审计策略的影响：审计师需要评估审计程序的设计和实施，以确保能够充分检测到可能存在的错误或异常。审计师可能会增加对审计程序的广度和深度，使用更加全面和细致的审计程序，以减少检测风险的影响。

综合考虑这些风险类型的影响，审计师可以制定更加有效的审计策略，以确保审计工作能够充分覆盖潜在的风险，并提供可靠的审计意见。

3. 模型和工具

(1) 统计模型

使用统计和财务模型来评估风险的可能性和影响是审计工作中的一种有效方法，可以提供定量化的风险评估结果。以下是一些常见的统计和财务模型，以及它们在评估风险中的应用。

①回归分析。回归分析可以用来探究不同因素之间的关系，并预测某个变量的值。在审计中，可以利用回归分析来确定财务数据与潜在风险之间的关联性，从而评估风险的可能性和影响。例如，审计师可以使用回归分析来研究公司的财务数据与其行业竞争力、经济环境等因素之间的关系，以评估公司未来财务状况的风险。

②方差分析。方差分析通常用于比较两个或多个组之间的差异，并确定这些差异是否显著。在审计中，方差分析可以用来评估不同因素对财务数据的影响程度，并识别潜在的风险因素。例如，审计师可以使用方差分析来比较不同时间段或不同地区的财务数据，以确定潜在的变化模式和风险因素。

③风险模型。风险模型是一种系统化的方法，用于评估和管理风险。在审计中，可以利用风险模型来量化各种风险因素，并评估其对财务报表的潜在影响。例如，审计师可以使用风险模型来分析内部控制的有效性，评估其对财务报表准确性的影响，从而确定潜在的风险点和改进措施。

通过使用这些统计和财务模型，审计师可以更加科学和客观地评估风险的可能性和影响，为审计工作提供更加可靠和有效的支持。

(2) 风险映射工具

风险矩阵或风险地图是一种常用的工具，用于可视化不同风险的位置和重要性，帮助审计团队进行决策。以下是如何利用风险矩阵或风险地图进行可视化和决策支持的方法。

①建立风险矩阵或风险地图。首先，审计团队需要建立一个风险矩阵或风险地图的框架，通常是一个二维表格或图表，其中一条轴表示风险的可能性，另一条轴表示风险的影

响程度。可以根据具体情况，将可能性和影响程度分成几个等级，例如低、中、高，或者用数字或颜色来表示不同的级别。

②确定风险位置。将已识别的风险放置在风险矩阵或风险地图中的适当位置。风险的位置由其可能性和影响程度决定，可能性和影响程度越高的风险放置在矩阵或地图的高风险区域，可能性和影响程度较低的风险放置在低风险区域。

③分析风险重要性。分析风险的重要性，即可能性和影响程度的乘积。这可以帮助审计团队确定哪些风险最为关键，需要优先考虑和处理。

④制定决策和优先排序。根据风险地图或矩阵的可视化结果，审计团队可以制定决策，确定哪些风险需要重点关注和管理，以及采取何种措施来应对这些风险。可以将风险按照其重要性进行排序，确保审计资源和时间得到最有效的利用，优先处理最重要的风险。

⑤监控和更新。审计团队需要定期监控风险地图或矩阵，及时更新风险评估和决策，以确保审计工作能够持续有效地应对潜在的风险。通过使用风险矩阵或风险地图，审计团队可以直观地了解各种风险的位置和重要性，从而更加有效地进行决策和优先排序，确保审计工作能够有针对性地应对潜在的风险。

（二）关键考虑因素

1. 相关性和材料性

确定风险点是否与审计目标直接相关，并评估这些风险的材料性对审计结论的影响是审计工作中的关键步骤。以下是如何进行这些评估的一般性方法。

（1）审计目标的关联性

首先，审计团队需要明确审计目标和审计范围。审计目标通常包括对财务报表的真实性、准确性、完整性以及合规性的评估。其次，审计团队需要评估识别的风险点是否与这些审计目标直接相关。如果一个风险点与审计目标直接相关，那么它对审计结论的影响可能更为重要。

（2）风险的材料性评估

对于与审计目标直接相关的风险点，审计团队需要评估其材料性，即这些风险点对财务报表的影响是否足够重要，足以影响审计结论。审计团队可以通过定性或定量的方法来评估风险的材料性。例如，可以评估风险事件可能导致的财务影响的大小，并与审计发现的阈值进行比较。

（3）影响审计结论的程度

对于那些与审计目标直接相关且具有较高材料性的风险点，审计团队需要评估它们对审计结论的影响程度。这包括评估风险事件对财务报表的可能影响，以及可能需要调整审计程序或发出更严重的审计意见。

（4）报告风险和结论

最后，审计团队需要在审计报告中清楚地披露识别的重要风险点，并说明这些风险点对审计结论的影响。如果某些风险点被认为对审计结论的影响非常重要，那么审计报告可能需要强调这一点，并提出相应的建议或注意事项。

通过这种评估方法，审计团队可以更好地理解识别的风险点与审计目标之间的关系，并评估这些风险点对审计结论的影响程度，从而确保审计工作能够有针对性地应对潜在的重要风险，保障审计结论的准确性和可靠性。

2. *历史数据和趋势*

分析历史趋势和数据，以查看风险的变化模式，并评估这些模式对当前审计周期的影响，是审计工作中的一项重要步骤。以下是一般性的分析方法。

（1）收集历史数据

首先，收集与审计对象相关的历史数据，包括财务报表、内部控制评估报告、审计报告、风险管理记录等。确保数据完整、准确，并跨足够长的时间范围。

（2）识别风险变化

分析历史数据，识别风险随时间的变化模式。这可能涉及不同类型的风险，如财务风险、合规风险、市场风险等。

观察风险是否呈现出增加、减少、稳定或波动等特征，以及这些变化的周期性、趋势性和原因。

（3）评估风险的影响

评估历史风险变化对当前审计周期的影响。确定历史趋势是否可能延续到当前周期，以及对审计目标和审计工作的具体影响。

考虑历史风险变化的影响因素，例如市场变化、法规改变、管理层变更等，以确定对当前审计周期的潜在影响。

（4）调整审计计划

根据历史风险变化的分析结果，调整当前审计周期的审计计划和程序。重点关注历史上出现过的高风险期间的领域，以及可能出现新风险的领域。

确保审计计划能够充分覆盖历史风险变化所涉及的重要领域，以减少审计风险并提高审计工作的效率和有效性。

(5) 持续监测和调整

在审计过程中持续监测风险的变化，并根据需要进行调整。及时调整审计策略和程序，以应对新的风险和变化的情况。

通过分析历史风险变化，审计团队可以更好地了解风险的演变模式，及其对当前审计周期的可能影响。这有助于制订更具针对性和有效性的审计计划，提高审计工作的质量和效率。

3. *管理层和内部控制的质量*

评估管理层的质量和内部控制系统的有效性对于控制风险和检测风险的评估至关重要。以下是一些影响因素和评估方法。

(1) 管理层的质量评估

管理层的质量直接影响着企业的运营和风险管理水平。审计团队应评估管理层的专业知识、经验、诚信和领导能力。

方法包括审计团队对管理层的背景调查、过往表现的评估，以及与管理层的会议交流等。此外，可以参考公司的治理结构和领导层的变动情况。

(2) 内部控制系统的有效性评估

内部控制系统是企业保护资产、确保财务报告准确性和合规性的关键组成部分。审计团队需要评估内部控制系统的设计和操作的有效性。

方法包括审计团队的内部控制评估、测试内部控制的运行情况、查看内部控制的相关文件和记录，以及与内部控制负责人和相关部门的交流。

(3) 影响风险评估的因素

管理层的质量和内部控制系统的有效性会直接影响到控制风险和检测风险的评估。如果管理层具有高度的诚信和专业知识，并且内部控制系统有效，那么审计团队可能会更加信任企业的财务报告和内部控制体系，从而降低相关风险的评估水平。

相反，如果管理层不够诚信或经验不足，内部控制系统存在缺陷，审计团队可能会增加对相关风险的关注程度，采取更多的审计程序来弥补潜在的风险。

(4) 风险评估的调整

根据对管理层质量和内部控制系统有效性的评估，审计团队可能需要调整对控制风险和检测风险的评估。对于管理层质量高、内部控制有效的企业，审计团队可能会降低相关风险的评估水平，而对于管理层质量差、内部控制系统不完善的企业，则可能会加大相关风险的评估水平。

通过综合评估管理层质量和内部控制系统有效性，审计团队可以更准确地评估控制风险和检测风险的水平，并据此制订相应的审计计划和程序，确保审计工作能够有效地发现潜在的问题和风险。

4. 外部环境和行业因素

考虑经济、政治、社会环境因素以及行业特有的风险和挑战对于审计工作至关重要。以下是一些相关因素和应对方法。

（1）经济环境因素

经济环境的波动可能导致企业面临资金紧张、市场需求下降、成本上升等风险。审计团队需要关注经济周期的变化，评估其对企业财务状况和业务运营的影响。

应对方法包括评估企业的财务稳健性和流动性风险，审计财务报表中与经济环境相关的会计估计和假设，以及审计内部控制系统是否能够适应不同经济环境下的变化。

（2）社会环境因素

社会环境的变化和社会舆论的影响可能对企业的声誉和社会责任产生影响。审计团队需要关注企业的社会责任履行情况和与利益相关者的关系，评估其在财务报表中的披露情况。

应对方法包括审计企业社会责任报告的准确性和可靠性，评估企业的声誉风险和社会影响风险，以及审计内部控制系统是否能够保障企业的社会责任履行和声誉风险管理。

（3）行业特有的风险和挑战

不同行业面临的风险和挑战各不相同，审计团队需要了解特定行业的经营特点和风险因素，评估其对企业财务状况和内部控制系统的影响。

应对方法包括深入了解特定行业的监管要求和市场竞争情况，审计相关行业的标准和实践，评估企业对行业风险的应对措施，以及审计内部控制系统是否能够应对行业特有的风险和挑战。

综合考虑经济、社会环境因素以及行业特有的风险和挑战，审计团队可以更全面地评估企业的风险情况，制订相应的审计计划和程序，确保审计工作能够有效地发现和管理潜在的风险。

（三）实施步骤

1. 确定审计对象和范围

确定审计的对象，即需要进行风险评价的具体部门、业务流程或项目。同时确定评价的范围，包括涉及的业务范围、时间范围等。

2. 收集相关信息和数据

收集与审计对象相关的各种信息和数据，包括财务报表、过去的审计报告、内部控制文件、企业内外部环境信息等。

3. 识别潜在风险

通过分析收集到的信息和数据，识别可能存在的各种潜在风险，包括固有风险、控制风险和检测风险等。可以利用工具如 SWOT 分析、风险清单等。

4. 评估风险的可能性和影响

对识别出的潜在风险进行评估，确定其发生的可能性以及对企业目标的影响程度。这可以通过定性或定量的方法来进行，如风险矩阵、统计模型等。

5. 确定优先级

根据评估的结果，确定各种风险的优先级，以确定哪些风险是最重要和最紧迫的，需要优先关注和管理。

6. 制定风险管理策略

根据确定的风险优先级，制定相应的风险管理策略。这可能包括风险规避、风险转移、风险降低、风险接受等不同的策略。

7. 实施风险管理措施

根据制定的风险管理策略，实施相应的风险管理措施。这可能包括改进内部控制系统、加强监督和审计、购买保险或制订危机应对计划等。

8. 持续监控和改进

持续监控风险的变化和实施风险管理措施的效果，并根据需要进行调整和改进。定期进行风险评估，确保风险管理工作的有效性和持续性。

以上是审计风险评价的一般实施步骤，具体的实施过程可能会根据不同的审计对象和情况进行调整和改进。通过这些步骤，审计师可以确保他们在审计过程中对重大风险有充分的了解，并能够采取适当的审计策略来应对这些风险，最终达到降低审计风险和提高审计质量的目的。

第二节　审计风险管理的优化分析

审计风险管理的优化分析是一个关键的审计策略，旨在提高审计效率和有效性，同时确保审计质量。优化审计风险管理涉及采取一系列的策略和工具，以便更好地识别、评估、监控和应对各种潜在风险。下面是一些关键的步骤和方法用于优化审计风险管理。

一、关键策略和方法

（一）风险识别和评估的自动化

技术工具使用：利用数据分析软件和人工智能工具来自动识别风险模式和异常交易，这可以提高风险识别的速度和准确性。

连续监控系统：部署连续监控技术，实时更新风险评估，使审计团队能够快速响应财务环境中的变化。

（二）定制化审计程序

风险基础的审计方法：根据风险评估的结果调整审计资源的配置，优先关注那些高风险领域。

模块化审计工具：开发和使用可根据不同审计任务自动调整的模块化审计程序，以应对具体的风险状况。

（三）增强内部控制评估

强化控制测试：通过增强内部控制的测试频率和深度，提高控制风险的检测能力。

内控评估工具：利用先进的评估工具来分析和评估内部控制的有效性，及时发现控制缺陷。

（四）教育和培训

持续教育：确保审计团队不断更新其专业知识和技能，包括最新的审计技术、法规变更和行业发展。

专业培训：定期对审计团队进行风险管理和内部控制的专业培训，提高其对复杂和变化环境的应对能力。

（五）利用外部资源

合作与联盟：与其他审计机构或专业服务机构合作，共享资源和信息，共同提高风险管理的能力。

专家咨询：在特定情况下引入外部专家进行风险评估和审计设计，增加审计的深度和广度。

二、实施步骤

（一）技术集成

对现有的审计流程进行技术集成评估，确定哪些过程可以自动化或半自动化，以提高效率和准确性。

（二）审计方法更新

依据最新的风险评估结果，更新审计程序和指南，确保它们能够有效应对当前的风险状况。

（三）培训和发展

实施一个持续的职业发展和教育计划，确保所有审计人员都能够理解并应用最新的审计方法和技术。

（四）风险监控

建立一个全面的风险监控系统，不但在审计前进行风险评估，而且在审计过程中持续跟踪风险变化。

（五）质量控制

强化审计质量控制程序，确保审计活动在整个过程中都符合预定的质量标准和法规要求。

通过这些优化措施，审计团队不仅可以更有效地管理和降低风险，而且可以提高审计工作的整体质量和效率。这种系统的方法确保了在快速变化的经济和法规环境中，审计活动仍能保持高效和相关性。

第三节　审计风险模型及其对现代审计的影响

一、审计风险模型

审计风险模型是审计工作中一个核心的理论模型，用于帮助审计师评估和管理在进行财务报表审计时可能会遇到的总审计风险。审计风险模型的基本目的是确保审计风险保持在一个可接受的低水平。模型通过将审计风险分解为几个可控的组成部分，使审计师可以通过管理这些组成部分来控制总的审计风险。

（一）审计风险模型的组成

审计风险模型通常表示为以下的公式：

审计风险（AR）＝固有风险（IR）×控制风险（CR）×检测风险（DR）

1. **固有风险**

固有风险是指在缺乏任何内部控制的情况下，一个账户记录出现重大错报的概率。这种风险源于业务的性质、经济环境和交易的复杂性等因素。例如，高科技公司的存货可能会有高固有风险，因为其产品可能迅速过时。

2. **控制风险**

控制风险是指由于客户内部控制系统的失败而未能防止或发现和纠正账户记录中的错报的风险。如果一个公司的内部控制系统薄弱，控制风险就会较高。

3. **检测风险**

检测风险是指审计程序未能发现账户中的重大错报的风险。这反映了审计师的审计程序可能会失败的风险，无论是由于审计程序的设计不当还是审计师未能适当执行有效的审计程序。

（二）如何使用审计风险模型

审计师使用审计风险模型来确定审计的范围和性质，以便将审计风险降至可接受的水平。具体操作如下。

评估固有风险和控制风险：通过分析公司的业务环境、内部控制系统等，审计师初步评估出固有风险和控制风险的水平。

设定检测风险：根据固有风险和控制风险的评估结果，审计师会设定一个相应的检测风险水平，以确保总的审计风险不超过预定的最大风险水平。

调整审计策略：根据风险模型的结果，审计师可能需要调整其审计策略，比如增加审计程序的数量或深度，使用更多的分析性审计程序，或更频繁地检查高风险区域。

通过这种方式，审计风险模型帮助审计师系统地识别和管理审计过程中可能遇到的风险，从而提高审计工作的有效性和效率。

二、审计风险模型对现代审计的影响

审计风险模型在现代审计中的应用具有深远的影响，它不仅提高了审计质量，还改变了审计师对风险管理的整体方法。下面详细分析这种影响。

（一）提高审计质量和效率

审计风险模型使审计师能够更精确地定位哪些领域可能存在高风险，因此可以更有效地分配审计资源。通过专注于这些高风险区域，审计师更有可能发现可能的错报，从而增加审计的整体效果。这种风险导向的审计方法在帮助审计师保证审计质量的同时，优化了审计工作的效率。

（二）强化内部控制

通过运用审计风险模型，审计师可以评估企业内部控制系统的有效性。这种评估有助于识别控制缺陷并提供改进控制的建议，从而强化企业的内部控制。改进后的内部控制可以降低控制风险，进一步降低整体的审计风险。

（三）增加审计透明度和可信度

审计风险模型的应用提高了审计工作的透明度，使审计过程和结果更加可信。审计报告中通常会包含关于固有风险、控制风险和检测风险的评估，这让利益相关者能够更好地理解审计师是如何进行风险评估和控制的，从而提高了报告的可信度和审计的公信力。

（四）响应技术变化和数据驱动审计

随着技术的发展，尤其是大数据和人工智能的应用，审计风险模型也被进一步优化。现代审计师可以使用复杂的数据分析工具来更准确地评估固有风险和控制风险，以及更有效地设计检测风险的控制策略。这种数据驱动的审计方法可以识别出以往可能被忽略的风险领域，提高审计的全面性和深度。

（五）遵守国际标准和法规

审计风险模型帮助审计师的审计符合国际审计标准（如国际审计与保证准则委员会发布的ISA标准）和各国的法律法规。通过遵守这些标准，审计师可以确保他们的工作达到全球认可的专业水平，增加了国家间的业务透明度和信任。

（六）培训和专业发展

使用审计风险模型需要审计师具备高级的专业知识和技能，这推动了审计专业人员的持续学习和发展。审计师需要定期更新他们关于风险评估、内部控制和审计技术的知识，以保持在快速变化的商业和技术环境中的专业能力。

总的来说，审计风险模型在现代审计实践中起着至关重要的作用。它不仅帮助审计师更有效地管理和降低审计风险，也促进了审计服务质量的提升，增强了审计结果的可信度，同时促使审计行业不断向着更高的专业和技术标准发展。这些影响表明，审计风险模型是现代审计不可或缺的一部分，是连接传统审计与未来审计实践的桥梁。

第四节　审计质量控制

一、控制审计风险的主要途径

控制审计风险是确保审计质量和效果的核心环节。为了有效控制审计风险，审计师采取一系列方法和策略，这些措施主要集中在精确评估和管理固有风险、控制风险和检测风险。以下是控制审计风险的一些主要途径。

（一）全面了解业务和环境

业务理解：深入了解客户的业务模型、行业特点、操作环境及其财务流程，以便更好地识别潜在的固有风险。

环境评估：考虑经济和社会环境因素对客户财务报告的潜在影响。

（二）评估和加强内部控制

内部控制评估：详细评估客户的内部控制系统，包括控制活动的设计和执行效果。

提出改进建议：基于控制评估的发现，向客户提供改进内部控制的建议，帮助他们降低控制风险。

（三）制定风险响应策略

审计策略调整：根据固有风险和控制风险的评估结果，调整审计策略和计划。这可能包括改变审计程序的性质、时序或范围。

增加重点审计：对高风险区域进行更密集的审计，采用更严格的审计程序。

（四）使用分析性审计程序

比较和比率分析：使用比较分析和比率分析等工具预测财务数据的异常，从而最先识别潜在的错报。

趋势分析：通过分析财务数据的历史趋势和模式，寻找不符合预期的变化。

（五）应用专业怀疑精神

质疑态度：在审计过程中，始终保持专业怀疑精神，对提供的信息和数据进行独立验证。

独立验证：对重要的财务信息和交易独立求证，包括与第三方确认信息。

（六）进行有效的风险管理

持续监控：审计过程中持续监控风险的变化，并根据新的风险信息调整审计策略。

技术支持：利用高级技术工具，如数据分析软件和人工智能，来提高风险检测的精确度和效率。

（七）强化沟通与协调

团队沟通：确保审计团队之间的良好沟通，对找到的风险和问题进行及时分享和讨论。

与客户沟通：与客户保持开放的沟通渠道，及时讨论审计发现和关注点，以便客户能够理解和响应审计的要求。

通过上述途径，审计师可以有效地控制审计过程中的各种风险，最终确保审计工作的质量和准确性。这不仅提升了审计的可靠性，也增强了审计结果对投资者和其他利益相关者的信任。

二、提高审计质量的有效方法

提高审计质量是保证财务报告可靠性和增强所有利益相关者信心的关键。审计质量的提升不仅依赖于严格遵循专业标准，还需要审计团队的专业能力、审计过程的有效性以及持续的质量控制。以下是一些提高审计质量的有效方法。

（一）增强审计团队的专业能力和持续教育

专业培训：定期为审计人员提供关于最新审计标准、工具和技术的培训。

专业资格：鼓励并支持审计人员获取和维持相关的专业资格（如 CPA、ACCA）。

跨学科学习：促进审计人员在会计、金融、IT 和法律等相关领域的跨学科学习，增强其全面分析问题的能力。

（二）采用高级技术和工具

数据分析软件：使用高级的数据分析软件来识别异常交易和风险点，提高审计的精确性和效率。

自动化工具：引入自动化工具减少人工操作错误，确保审计过程的一致性和可重复性。

人工智能：利用 AI 技术进行模式识别和预测分析，支持更深入的风险评估和决策。

（三）强化内部控制和风险管理

内部控制评估：定期对客户的内部控制系统进行深入评估，及时识别并提出改进控制的建议。

风险导向的审计：实施基于风险的审计方法，确保资源有效分配到高风险区域，提高审计效果。

（四）实施严格的质量控制和审查

同行评审：进行同行评审，确保审计工作符合行业标准和公司政策。

质量控制系统：建立和维护一个全面的质量控制系统，包括审计工作的各个方面，从计划到报告。

后续监控和反馈：审计完成后进行后续监控，根据反馈调整审计过程和方法。

（五）保持专业怀疑精神

培养质疑态度：审计人员应保持独立和质疑的专业态度，对所有财务信息进行独立验证。

案例学习：定期进行案例分析训练，增强审计人员面对复杂和异常情况时的判断力和应对能力。

（六）提升沟通和协作效率

与客户的沟通：增强与客户的沟通，确保获取所有相关信息，同时帮助客户更好地理解审计过程和目的。

团队协作：促进团队内部的有效沟通与协作，确保信息共享和问题快速解决。

（七）遵守伦理和独立性标准

伦理培训：定期对审计团队进行职业伦理和独立性的培训，确保他们在所有情况下都能保持高标准的职业行为。

独立性检查：实施严格的独立性检查和冲突利益管理，防止任何可能影响审计客观性的情况发生。

通过实施这些策略，审计团队不仅可以提高审计的质量，还能增强公众对审计结果的信任，从而支持资本市场的健康发展和增强企业的市场信誉。

参考文献

［1］王伟，黄晓艳，于淑娟. 公共管理服务与金融经济发展研究［M］. 长春：吉林人民出版社，2022. 05.

［2］崔嵩. 现代金融经济的风险及方法策略研究［M］. 长春：吉林科学技术出版社，2020. 10.

［3］李宝伟，张云，蒋雅文，等. 货币与金融经济学基本理论十讲［M］. 天津：南开大学出版社，2021. 09.

［4］陈德智，毕雅丽，云娇. 金融经济与财务管理［M］. 长春：吉林人民出版社，2020. 04.

［5］谢正娟. 金融发展、科技创新与实体经济增长［M］. 成都：四川大学出版社，2020. 04.

［6］曾嘉. 金融创新与国际贸易经济发展［M］. 长春：吉林出版集团股份有限公司，2020. 05.

［7］张玄. 金融集聚影响区域民营经济成长的机理与实证研究［M］. 北京：中国经济出版社，2020. 02.

［8］谢巧燕. 城市群经济与金融系统耦合协调发展机理［M］. 北京：中国经济出版社，2020. 07.

［9］刘盈，姜滢，李娟. 金融贸易发展与市场经济管理［M］. 汕头：汕头大学出版社，2021. 06.

［10］张景岩，于志洲，卢广斌. 现代经济发展理论与金融管理［M］. 长春：吉林科学技术出版社，2021. 08.

［11］曾祥红. 财务审计工作思考［M］. 哈尔滨：哈尔滨出版社，2023. 09.

［12］王宏伟，雷晓莉. 财务审计研究［M］. 延吉：延边大学出版社，2020. 06.

［13］张彤进. 包容性金融促进经济高质量发展研究［M］. 哈尔滨：黑龙江大学出版社，2019. 05.

［14］王花毅，姜佳，苑卫卫. 金融风险管理与经济可持续发展研究［M］. 长春：吉林人民出版社，2019. 07.

［15］全颖，郑策. 数字经济时代下金融科技信用风险防控研究［M］. 长春：吉林人民出

版社，2019. 11.

[16] 韩孺眉，畅春玲. 区域金融创新科技创新与经济增长［M］. 北京：中国纺织出版社，2019. 12.

[17] 马帅，胡玉玺，铁凝. 金融创新与国际贸易经济发展［M］. 北京：经济日报出版社，2019. 04.